O SEU PRIMEIRO MILHÃO

PEDRO QUEIROGA CARRILHO

O SEU PRIMEIRO MILHÃO

Como fazer o seu dinheiro crescer

1ª reimpressão

Academia

PREPARAÇÃO E ADAPTAÇÃO DE TEXTO Eduardo Belo/Belaletra
REVISÃO DE PROVAS Tulio Kawata
DIAGRAMAÇÃO S4 Editorial
CAPA rui[lúcio]carvalho
FOTO DE CAPA Yamada Tato/Getty Images

CIP-BRASIL. CATALOGAÇÃO-NA-FONTE
SINDICATO NACIONAL DOS EDITORES DE LIVROS, RJ

C523s

Carrilho, Pedro Queiroga
O seu primeiro milhão : como fazer o seu dinheiro crescer / Pedro Queiroga Carrilho. - 1.ed. - São Paulo : Planeta, 2012.

ISBN 978-85-7665-781-1

1. Finanças pessoais. 2. Investimentos. 3. Segurança financeira. 4. Riqueza. I. Título.

11-8291. CDD: 332.024
CDU: 330.567.2

2012

EDITORA PLANETA DO BRASIL
Avenida Francisco Matarazzo, 1500 – 3º andar – conj. 32B
Edifício New York – 05001-100 – São Paulo – SP
www.editoraplaneta.com.br
vendas@editoraplaneta.com.br

Para o meu avô.
Obrigado pelas doces palavras
e longas horas de leitura…

AGRADECIMENTOS

Este livro é o resultado de vários anos de dedicação ao estudo do dinheiro, mas principalmente de muito apoio e palavras de confiança de amigos.

Um especial abraço para você, Tiago Domingues, pelas conversas e amizade de longa data.

Nunca é fácil rever e comentar o trabalho dos outros. Muito obrigado a Cristina Silveira de Carvalho pela disponibilidade e interesse demonstrado neste trabalho. Obrigado, Ana Medina e Maria João Queiroga, minhas amigas, pela dedicação e empenho. Cometo menos erros de português graças a vocês!

Ao professor Miguel Mira da Silva um agradecimento por todo o apoio e pela correção de outros trabalhos, que tanto me ajudaram a concluir este projeto.

A aventura de publicar um livro requer sempre muita orientação. Não posso deixar de expressar a minha enorme gratidão ao editor José Prata e a Tânia Sarmento pela tamanha dedicação e empenho neste projeto. Transparecem uma contagiante paixão pela edição!

A vocês, meus amigos António Martins, Márcio Spínola, Nuno Próspero, Vítor Duarte e Filipe Gardete, um grande abraço e obrigado pelas conversas, trabalhos e tantas horas de diversão!

À minha família pelos valores, amor e orientação, sempre presentes, um grande abraço. Não teria conseguido sem vocês!

E a você, Sofia, por todas as horas de apoio, ternura e amor que não passamos para que eu escrevesse estas linhas...

SUMÁRIO

PREFÁCIO

Educação financeira. A vida de milhões de brasileiros seria muito diferente se essa expressão simples fizesse parte do cotidiano. Mas, ao contrário, educação financeira é algo tão ausente da vida nacional que se tornou privilégio de muito poucos. Ensinar ou dar condições para que a criança aprenda, desde pequena, a lidar com o dinheiro de forma racional, saudável e equilibrada talvez seja o maior legado material que os pais possam deixar aos filhos. Mas como ensinar o que não se aprendeu?

Os brasileiros com mais de 40 anos sabem bem o que é viver em um país econômica e financeiramente fora de controle. A inflação elevada – com seguidos surtos de hiperinflação – que assolou o país entre o chamado "milagre econômico" (fim dos anos 1960 e início dos 70) e a estabilização promovida pelo Plano Real (1994) tirou qualquer perspectiva de investimento e poupança do trabalhador comum. Nos períodos mais críticos, era preciso correr para as compras, numa tentativa quase sempre vã de vencer a remarcação de preços. Exceto uns poucos afortunados de famílias ricas ou aquinhoados por salários acima do padrão médio podiam sonhar com um investimento que os ajudassem a multiplicar o patrimônio ou simplesmente assegurar uma aposentadoria tranquila.

Vem daí, em grande medida, a cultura de que é preferível comprar já, pois "a prestação cabe no bolso" – não importando a taxa de juro nem o prazo do financiamento – a poupar para comprar depois, por menos. Isso explica e até justifica porque ainda hoje, quase duas décadas depois do fim do descontrole inflacionário, a maior parte da população se preocupa mais em gastar do que em guardar dinheiro.

Neste momento em que mais de 30 milhões de brasileiros ascendem socialmente e começam a contemplar a possibilidade de consumir mais e viver melhor, inverter essa equação torna-se um grande desafio. Aceitá-lo significa colocar a educação financeira na ordem do dia e escolher entre o pequeno bem-estar do consumo imediato e o grande bem-estar dos ganhos patrimoniais e financeiros de um futuro não tão distante assim. Este livro ajuda a preencher essa lacuna. Ele vem mostrar por que é preferível trocar a emoção da compra agora pelo prazer das conquistas que não deixam prestações.

Eduardo Belo[*]

[*] Jornalista, atuou na área de economia por mais de 20 anos como repórter, chefe de reportagem, editor assistente e editor. Trabalhou, entre outros veículos, na *Folha de S.Paulo, O Estado de S.Paulo, Gazeta Mercantil* e *Valor Econômico*.

INTRODUÇÃO

Iniciei-me no estudo do dinheiro há mais de 12 anos, quando percebi que todos os dias perdia algum, por duas razões: por um lado não poupava, por outro não investia, como fazem as pessoas financeiramente bem-sucedidas. Sempre estive ciente da importância de administrar o dinheiro. Afinal, milhares de reais passam por nossas mãos ao longo da vida e mesmo assim, em certas fases, não há dinheiro que chegue. A escola não nos ensina nada sobre finanças pessoais. E, apesar do grande volume, a informação sobre o tema está muito dispersa.

É difícil compreender o dinheiro, e a maioria das pessoas aprende a administrá-lo por tentativa e erro. As principais causas das dificuldades monetárias são os erros de avaliação e a falta de preparo financeiro. Não é por acaso que o dinheiro continua sendo uma das maiores causas de divórcio e de vários problemas pessoais.

Embora considere o dinheiro um mal necessário e um meio para atingir outros fins, dediquei-me com afinco ao seu estudo, motivado pela falta de métodos e materiais, resumidos e pragmáticos, voltados para a realidade de hoje. A crise financeira mostra os excessos cometidos no passado e alerta para a necessidade de maior regulamentação dos mercados, mas, acima de tudo, obriga a um maior cuidado na gestão financeira pessoal. Este é o momento apropriado para rever algumas práticas em relação ao dinheiro e para cada família estruturar a sua situação financeira.

Assim, surgiu *O seu primeiro milhão.* Um livro prático, que reúne vários conselhos sobre poupança e investimento, e tem como objetivo alterar a nossa maneira de enxergar o dinheiro, mudando paradigmas e pressupostos comumente aceitos. O conhecimento aqui sintetizado provém de vários autores, milionários ou profissionais da gestão financeira, mas acima de tudo da minha prática e da aplicação regular desses ensinamentos. Precisamos ser mais audaciosos com a construção de valor e de riqueza – e nada como aprender com quem já fez.

E agora, mãos à obra: é hora de você se tornar um milionário!

O que você encontra neste livro

A primeira parte do livro o convida a analisar algumas premissas, tidas como verdadeiras, e percepções sobre a vida e o dinheiro. Temas como a acomodação, as categorias de trabalho, a importância de gerirmos e equilibrarmos nossas forças, a famosa corrida dos ratos, as formas de endividamento, os tipos de despesa, a inflação e até um pouco da história do dinheiro são tratados aqui de forma detalhada.

A segunda parte é um incentivo à poupança, pois esta é o motor dos investimentos. O método apresentado irá ajudá-lo a multiplicar seu dinheiro e a juntar capital suficiente para que um dia o dinheiro passe a trabalhar por você – o que se revelará um passo importante no caminho da independência financeira e para a realização de seus sonhos. Para guiá-lo, enunciarei seis regras de poupança e abordarei temas como: formas de ganhar mais dinheiro, poupança, pensamento financeiro ou os primeiros credores a pagar somos nós mesmos.

Por último, e não menos importante, aparecem os investimentos, um fechamento dos outros dois capítulos, onde você aprenderá a capitalizar sua poupança. É um capítulo de introdução aos investimentos, com muitas indicações para quem deseja entender do tema e explorar assuntos como evolução do fluxo de caixa, necessidade de começar a poupar e investir cedo e com periodicidade regular, juros compostos, ativos e passivos, tipos de investimento, risco, custos de investimento, modelos analíticos e até como pagar a faculdade dos filhos.

Como ler este livro

O livro está construído para ser um guia prático de gestão do dinheiro, poupança e investimento. Costumo dizer que, para pessoas diferentes, há tipos diferentes de investimento, do mesmo modo que há formas diferentes de ler este livro. Depende dos seus objetivos.

Claro que você pode sempre ler o livro na íntegra. Mas, se não se interessar por todo o conteúdo, existem outras opções:

Ler um capítulo inteiro

Se você pretende mudar a forma como vê o dinheiro, poupar mais ou começar a investir, pode ir diretamente para a leitura do capítulo que lhe interessa.

Ler uma seção

Caso esteja à procura apenas de informação sobre um tema específico, pode seguir para a seção correlata.

"Navegar" ao longo do guia

Depois de se situar, você pode "navegar" ao longo do livro e se ater aos temas que julgar mais interessantes ou mais adequados ao seu caso. Embora todos os capítulos e seções sejam complementares e obedeçam a um método, também podem funcionar vistos de forma isolada, conforme as necessidades de cada um.

Assim, espero que você desfrute das páginas seguintes, mas acima de tudo que as tome como ensinamentos, aplicando-as no seu dia a dia. A teoria de nada serve sem a prática. Mãos à obra!

Ajuda Online

Ao longo do livro, você vai encontrar o símbolo @, que o conduzirá a diversos *sites* na internet. Dessa forma, você poderá aprofundar alguns temas disponíveis no *site* do livro (http://www.oseuprimeiromilhao.com) ou em outros *sites* conceituados.

Parte 1

MUDE SEUS PARADIGMAS

Costumamos considerá-los verdades irrefutáveis. Eu o convido a reconsiderar alguns.

O objetivo deste capítulo é transformar algumas das suas crenças e percepções sobre a vida e o dinheiro. A forma como vemos o dinheiro nas nossas vidas pode ser o primeiro passo para atingirmos a independência financeira.

Vida e dinheiro

O relógio não para! A vida não estica! Todos vamos morrer um dia. O dinheiro pode esticar e encolher – e isso ocorre muitas vezes ao longo de nossas vidas. Tudo o que podemos fazer é rentabilizar ao máximo o dinheiro e tentar produzir mais com menos energia vital. Se analisarmos a esperança média de vida, a partir do momento em que nascemos, os brasileiros têm um tempo de vida média de 73,1 anos (Instituto Brasileiro de Geografia e Estatística - IBGE, 2009).

Tempo médio de vida restante		
Idade	**Anos**	**Horas**
20	53,1	465.921
25	48,1	422.049
30	43,1	378.177
35	38,1	334.305
40	33,1	290.433
45	28,1	246.561
50	23,1	202.689
55	18,1	158.817
60	13,1	114.945
65	8,1	71.073
70	3,1	27.201

Figura 1 – Tempo médio de vida restante

Essa tabela é importante porque alerta para o seguinte: a maioria das pessoas vive em função do dinheiro, mesmo que muitas digam que não. Todo o tempo que perdem (e julgam que ganham) para "fazer" dinheiro é tempo de vida que não volta mais. Um jovem é muito mais rico que um pensionista, pois tem a vida toda pela frente, e mesmo podendo não ter o dinheiro que gostaria, não lhe faltam potencial e tempo. Há coisas bem mais interessantes a fazer com o tempo, como seguir a nossa paixão e vocação, do que perdê-lo trabalhando para o dinheiro.

É por isso que é tão importante começar cedo e ter sempre presente que:

Dinheiro = Energia Vital

Pense em todos os custos monetários associados ao trabalho: o tempo que passa no trânsito e não aproveita, o dinheiro extra que gasta em refeições fora de casa (café da manhã, almoço, os lanches da manhã e da tarde, cafés, entre outros), o dinheiro que gasta em férias para fugir do trabalho de que não gosta ou que não está equilibrado. Tudo isso é dinheiro jogado fora. Faça o cálculo. Você vai se assustar com a dinheirama que gasta para trabalhar.

O verdadeiro salário por hora

Vamos calcular o verdadeiro salário por hora.

O vencimento médio de um brasileiro, que ganha R$ 1.202 por mês (segundo o Instituto Brasileiro de Geografia e Estatística), significa um ganho/hora médio de R$ 6,70. Mas será mesmo este o valor real? É necessário considerar os custos indiretos associados ao trabalho:

Despesa (por Semana)	Horas	Reais	
Trabalho legal	44	268,4	R$ 6,1/hora
Trabalho extra, não remunerado	6	40,2	
Deslocamentos/transporte	5	15	
Vestuário e calçado		10	
Preparação para sair de casa	2,5	2,5	
Alimentação: almoço e outras	7	56	
TOTAL	64,5	144,7	R$ 2,2/hora

Figura 2 – Verdadeiro salário por hora

Esse quadro apresenta a maioria das despesas relacionadas com o trabalho. Para o cálculo do nosso verdadeiro salário, temos de levar em conta todos os custos diretos e indiretos dessa atividade.

Assim, somando às 44 horas semanais, as 20,5 horas consideradas acima em atividades relacionadas com o trabalho, essa pessoa trabalhará 60,5 horas. E subtraindo do ordenado por semana os R$ 123,7, obtém-se R$ 144,7 líquidos por semana. Na realidade, o salário médio não é R$ 6,1/hora, mas sim *R$ 2,2*/hora! Impressionante, não? É menos da metade do valor que aparentemente a pessoa ganha...

Quando mudar de emprego, faça esses cálculos. Se possível, utilize-os para negociar um aumento. No meu caso deu certo. Na minha humilde opinião, um salário de R$ 1.202 por mês é pouco para o custo de vida e o crescimento constante que o Brasil tem apresentado. A maioria dos brasileiros precisa ganhar mais, pois só assim poderá melhorar o padrão de vida.

Acomodação

Por que não há muitos homens que se aposentam antes dos 65 anos e mulheres antes dos 60 anos? Se *Dinheiro = Energia Vital*, todos nós deveríamos desejar uma aposentadoria precoce, não? O problema é que não é fácil. A vida tem muitas surpresas e, além disso, arranjamos justificativas:

- Trabalhar até os 65 anos para os homens e 60 anos para as mulheres é obrigatório por lei.
- Preciso do dinheiro para pagar as despesas.
- Não sei o que fazer quando me aposentar.

E tantas outras... desculpas! São só desculpas para não lutar contra a acomodação, contra a rotina das 9h às 6h até os 65 anos e não pensar em novas formas de gerar mais riqueza.

Peter Drucker dizia que devíamos começar muito antes dos 50 anos a preparar a "segunda metade das nossas vidas". Quanto mais tempo passa, mais difícil é mudar comportamentos e atitudes. O que interessa é diversificar as competências, tentar quebrar as rotinas e os maus hábitos, pois nossa riqueza só aumenta à medida que crescemos pessoalmente. Se queremos criar riqueza, temos de aprender a estar confortáveis com novas situações, lidando com desafios cada vez maiores. Normalmente, quanto mais difícil for o desafio, maior o valor atribuído a ele. Assim, se lidarmos com desafios maiores, teremos possibilidade de gerar mais riqueza.

Muitas das pessoas que conhecemos acomodam-se. Basta olharmos à volta, no nosso local de trabalho, e encontramos uma série de pessoas que aceitam determinada posição e condição para o resto da vida. Não é fácil acabar com alguns comportamentos e a inércia da vida sedentária. O importante é conhecermos bem o nosso caminho e irmos desenvolvendo atividades paralelas, pois é comum chegarmos aos 50 anos sem saber que novo rumo dar à vida. Outra razão igualmente importante para evitar a acomodação é nos precavermos contra as surpresas: se o chefe nos demitir com um tapinha nas costas porque precisa cortar pessoal e já tivermos outras ocupações, aceitaremos a indenização como o empurrãozinho de que sempre precisávamos para realizar nossos sonhos.

A nossa vocação

Primeiro, se temos cerca de 45 anos de vida ativa, mais vale usarmos esse tempo para fazer algo de que gostamos! As pessoas mais bem-sucedidas financeiramente definem com precisão seus objetivos e nunca se desviam deles. Perseguem os objetivos com tenacidade, com paixão!

Claro que isso é fácil de dizer. Para dificultar a tarefa, segundo vários psicólogos, a maioria das pessoas só sabe o que quer fazer na vida depois dos 25 anos, conforme aumentam a experiência e a maturidade. Claro que há exceções. Meu pai, por exemplo, soube logo aos 5 anos que queria ser médico. Algumas pessoas são assim, mas a maioria só se descobre bem mais tarde, sendo por isso tão importante aprender a lidar com as novas direções e descobertas da vida.

Para encontrarmos nosso caminho existem fatores essenciais que precisamos conhecer: a que lugar pertencemos, de que forma somos produtivos, quais são os nossos valores e quais são as nossas forças – como afirma Tom Rath, no seu livro *Strenghts Finder 2.0*, todos nós temos cinco forças que nos diferenciam do resto das pessoas. Exemplos dessas aptidões naturais são a capacidade de comunicar, manter o foco, liderar, competir, ser criativo, estabelecer relações, entreter os outros, e assim por diante. É aplicando as nossas forças que iremos nos diferenciar no local de trabalho e nas nossas vidas. Esse trabalho de autoconhecimento deve ser realizado continuamente. Não podemos saber para onde queremos ir se não soubermos onde estamos.

Um exemplo da maneira como aplicamos e usamos nossas forças é dado logo na escola: se tivermos 10 em português e 6 em matemática, certamente vão nos dizer que devemos estudar mais matemática, na qual somos mais fracos, em vez de nos concentrarmos no português. Mas se nos aplicarmos a fundo no português, aumentaremos nossa possibilidade de nos tornarmos o próximo Machado de Assis. De fato, é precisamente essa capacidade que deve ser trabalhada e considerada como uma força.

Também é fundamental aprendermos a gerir a segunda metade das nossas vidas. Não será aos 50 anos que iremos mudar o rumo de tudo: carreiras, hábitos e rotinas. Mais vale termos feito um bom trabalho de antemão para que, quando já não possuirmos a força da juventude, possamos apenas colher os frutos.

Não tente mudar sua maneira de ser. É muito provável que você falhe. Trabalhe para superar e melhorar seu desempenho e tente não aceitar tarefas que lhe tragam dificuldades.

> @ Strenghts Finder 2.0 – Em http://www.strengthsfinder.com/ você pode encontrar os livros e instrumentos que o ajudarão a descobrir suas forças, contribuindo para o autoconhecimento.

Categorias de trabalho

É essencial termos em mente as macrocategorias de trabalho, consolidadas primeiramente pelo conhecido empresário Robert Kiyosaki, autor do livro *Pai rico, pai pobre*, as quais podemos encontrar transversalmente em todas as profissões. Elas são: trabalhador com carteira assinada, trabalhador autônomo, investidor e empresário.

Existem características dominantes em cada uma delas, por exemplo:

- *Trabalhador com carteira ou empregado* – Aquele que gosta de segurança e do ordenado fixo ao fim do mês.
- *Trabalhador autônomo* – Aquele que tem confiança, gosta de fazer as coisas sozinho e quer ser seu próprio patrão.
- *Investidor* – Aquele que gosta de pôr o dinheiro para trabalhar para si e não se importa em gastar e correr riscos para obter retornos maiores.
- *Empresário* – Aquele que tem a perseverança necessária para montar um negócio e quer outras pessoas trabalhando para ele.

O que é curioso é que, nos anos em que nos dedicamos ao estudo, a escola nos prepara para sermos especialistas em determinada matéria, e, assim, na maior parte dos casos, empregados de alguém. Quem quiser se dedicar às outras categorias precisa ter iniciativa, dedicação e confiança, conjugando competências aprendidas na escola e na vida, além de outras competências não técnicas (que nos diferenciam uns dos outros).

De qualquer forma, é possível ganhar muito dinheiro em qualquer uma das macrocategorias. Vejamos exemplos:

Neymar (empregado), Warren Buffet (investidor) ou Bill Gates (empresário). Claro que trabalham em nichos e são líderes nas suas áreas, mas, antes de alcançarem esse patamar, tiveram de criar seu próprio sucesso. No caso de Warren Buffet, conhecido como um dos maiores investidores de todos os tempos... o que muitos não sabem é que aos 15 anos de idade ele já tinha mais fontes de renda e ganhava mais dinheiro que seus professores. Foi esse espírito de diversificação e de se aprofundar nas áreas em que atuava que o tornaram um líder.

Há muitas pessoas que acumulam funções em várias dessas categorias. Algumas são empregadas de outras, trabalhando também como independentes e investindo suas poupanças. Existe uma ligação mais forte entre as categorias de empregado e trabalhador autônomo. Por exemplo, é comum alguém ser empregado e, ao mesmo tempo, trabalhar por conta própria. O mesmo se aplica ao investidor e ao empresário: é comum donos de empresa que investem em outros negócios. O importante é descobrirmos a macrocategoria de trabalho em que nos sentimos bem e, acima de tudo, trabalhar para aprender – e não pelo dinheiro. Esse é um princípio aplicado pelas pessoas mais bem-sucedidas nas várias categorias. Se gostamos do que fazemos, o dinheiro virá naturalmente e em quantidade suficiente, em virtude de nossa dedicação e desempenho.

Em tempos de incerteza financeira, aplica-se a máxima dos investimentos que diz que não devemos colocar todos os ovos na mesma cesta. Se aplicarmos o mesmo à nossa remuneração, vamos perceber que deveríamos ter mais do que uma fonte de renda. O que a maioria das pessoas deveria explorar para ter mais dinheiro e se proteger é diversificar as fontes de renda. Ao encontrar mais de uma ocupação, você irá se beneficiar de várias fontes de receita. É verdade que a maioria das pessoas tem um trabalho apenas, em geral como empregado. No início do século XX era diferente e, mesmo havendo mais pobreza, cada pessoa tratava da sua sustentabilidade pessoal e financeira. Se pretendemos ganhar mais dinheiro, por que não fazemos como uma empresa que tem várias linhas de negócio e produtos que diversificam sua receita? Por que não aprendemos com o Warren Buffet?

Equilíbrio

Eu defendo que devemos procurar sempre um equilíbrio entre vários vetores: saúde, família, trabalho, dinheiro e *hobby*. Todos queremos e sonhamos com coisas diferentes, mas esses componentes existem para todos.

Muitas vezes, ao longo da vida, sentimo-nos perdidos ou mais inclinados para um lado. Quando somos jovens, não temos dinheiro e somos dependentes. Depois que começamos a trabalhar, o dinheiro aumenta, mas rapidamente queremos construir uma carreira e deixamos de conviver com os amigos e, em geral, reduzimos as atividades de lazer. A chegada dos filhos muitas vezes nos leva a descuidar da carreira. O dinheiro diminui novamente e praticamente ficamos sem amigos. À medida que o fim da vida se aproxima, começa a nos faltar saúde, e temos de nos preocupar com ela.

Tudo que acabo de dizer pode parecer clichê, mas o ponto fundamental é que nos preocupemos com o equilíbrio em todas as fases da vida, de forma que possamos administar bem o nosso limitado tempo e, acima de tudo, nos desenvolvermos do ponto de vista pessoal. Muitas vezes, ao nos superarmos num desses vetores, conseguimos ter sucesso também nos outros. Não temos de ser fantásticos em todos, e sim entender a importância e a complementaridade entre eles. É necessário saber quais são nossos objetivos, como alcançá-los e como balanceá-los nas várias etapas da vida. Só assim conseguiremos gerar mais riqueza.

Muitas pessoas tentam alcançar o equilíbrio por meio do trabalho em tempo parcial, cujas variantes vão desde o trabalho sazonal nos fins de semana prolongados (em que se trabalha apenas três dias por semana), passando pelo meio expediente e o trabalho durante as férias.

Tenho amigos que optaram por trabalhar num bar de praia durante o verão no Brasil e vão para Portugal durante o inverno para surfar. Outra amiga divide o mesmo trabalho com um colega (*job sharing*) e consegue ter tempo para os filhos. E conheço uma pessoa que trabalhou durante as férias para comprar aquela motocicleta com que sempre sonhou.

Convém prestar atenção nos prós e nos contras desse tipo de trabalho, que ainda pode crescer muito no Brasil. Quando trabalhamos em tempo parcial, temos mais liberdade para cuidar de nossa agenda e ficamos com tempo livre para trabalhar para nós mesmos; esta é, também, uma ótima maneira de ganhar algum dinheiro extra. Contudo, o fato de não nos dedicarmos a um emprego em tempo integral pode tornar mais difícil o desenvolvimento da carreira, diminuindo a probabilidade de ganharmos compensações da empresa em que trabalhamos.

Trabalho, emprego e negócio

Você alguma vez pensou nas diferenças entre um trabalho, um emprego e um negócio? Apresento em seguida uma divisão que considero relevante, pelo tipo de investimento feito em cada um deles.

TRABALHO		EMPREGO		NEGÓCIO
▪ Temporário ▪ Meio para chegar a um fim ▪ Insegurança ▪ Investimos tempo	×	▪ Longo prazo ▪ Construção de carreira ▪ Segurança ▪ Investimos tempo	×	▪ Não exige a nossa presença ▪ Dono dele, mas gerido por outras pessoas ▪ Pode passar a emprego ▪ Investimos dinheiro

Figura 3 – Trabalho, emprego e negócio

Gosto de separar os conceitos de trabalho e emprego. Associo trabalho, tipicamente, a algo de mais curto prazo, onde pode nem haver contrato formal. Emprego pressupõe a construção de uma carreira mais a longo prazo, na qual, geralmente, estamos inseridos nos quadros de uma empresa. Ambos servem para ganhar dinheiro, sendo que o nosso investimento é tempo de vida.

Exemplo de um trabalho seria trabalhar num caixa de supermercado, no MacDonald's, numa casa de fotocópias ou num bar, à noite. Julgo que a maior parte de nós não ambiciona passar a vida num desses postos. Apesar de serem trabalhos honrados, são tarefas que se consegue fazer, sem necessidade de grande qualificação. Exemplo de um emprego seria construir uma carreira como professor, médico ou engenheiro. São trabalhos que requerem qualificação e aos quais poderíamos nos dedicar até a aposentadoria.

Um negócio, por outro lado, é algo que nem sempre exige a nossa presença – embora ela possa fazer toda a diferença. Nós somos donos, mas ele representa trabalho ou emprego para outras pessoas. No negócio, investimos dinheiro. É preciso ter cuidado com o tipo de negócio que escolhemos, porque, se tivermos de nos dedicar a ele, rapidamente irá se transformar em um emprego. Se queremos ficar livres dessa obrigação, devemos procurar negócios que coloquem o dinheiro para trabalhar por nós.

Exemplos: arrendar casas, ser sócio de um restaurante ou um investidor de *venture capital* (atividade em que se compra participação societária em empresas; coloca-se capital na empresa em troca de dividendos e de ser dono de parte dela). Para isso, precisamos supervisionar o negócio de tempos em tempos, conhecer o negócio, saber escolher os parceiros e elaborar bons planos de negócio.

Geração 1.200 reais

O que se faz com R$ 1.200 por mês? Em algumas cidades brasileiras, muitas pessoas diriam "muito pouco", mas, segundo o IBGE, mais propriamente R$ 1.202, é o salário médio no Brasil. Quem faz parte dessa geração? Desde pessoas recém-formadas até quem já trabalha há muito tempo, são vários os casos em que o salário não ultrapassa os R$ 1.200 mensais.

Com a adesão de cerca de 40 milhões de pessoas na última década, a classe média tornou-se majoritária no Brasil, com cerca de 52% da população. No entanto, cerca de 25% da população brasileira ainda vive abaixo desse patamar. Além disso, existem ainda muitas disparidades no acesso à educação, a bens e serviços essenciais, sendo que os 10% mais ricos gastam dez vezes mais que os 40% mais pobres (IBGE, Perfil das Despesas no Brasil 2007).

Desse modo, sugiro que analisemos um pouco o que se pode fazer do ponto de vista de poupança e investimento com esse valor:

Vamos assumir uma poupança de 10%, ou seja R$ 120/mês, visto que esse é o valor mínimo recomendado. Assumindo que trabalhamos 45 anos pelo mesmo salário, se pouparmos todos os meses R$ 120 e os colocarmos no banco, com uma taxa de 10% ao ano, vamos ter cerca de R$ 1 milhão poupados para nossa aposentadoria! Explico melhor onde conseguir essas taxas de 10% anuais (reais, ou seja, acima da inflação) no último capítulo.

Ano 0	Ano 5	Ano 10	Ano 15	Ano 20
R$ -	R$ 8.791	R$ 22.950	R$ 45.752	R$ 82.476
Ano 25	**Ano 30**	**Ano 35**	**Ano 40**	**Ano 45**
R$ 141.620	R$ 236.871	R$ 390.275	R$ 637.333	R$ 1.035.223

Figura 4 – Capitalização de poupanças

Parece-me um valor extremamente confortável para aproveitarmos a aposentadoria. Pode ser difícil hoje viver todos os meses com apenas R$ 1.200, mas os brasileiros sempre foram bons em gerir orçamentos apertados. É por isso que no capítulo da poupança e dos investimentos iremos focar em como aumentar a taxa de poupança e a taxa de rentabilidade dos nossos investimentos.

Ao longo do livro utilizarei os valores médios ajustados à realidade brasileira, nos vários cálculos e tabelas, ajudando a simplificar as extrapolações que possam ser feitas para outros referenciais.

@ Salariômetro – Em http://www.salariometro.sp.gov.br/ você pode fazer uma pesquisa por profissão do salário médio no Brasil, publicado pelo governo do Estado de São Paulo.

Corrida dos ratos

Esse conceito, aplicado às finanças, é uma analogia sobre as pessoas que vivem de ordenado em ordenado, trabalhando sempre para pagar as contas, tal como um rato correndo sem parar numa roda, mas sem nunca sair do lugar.

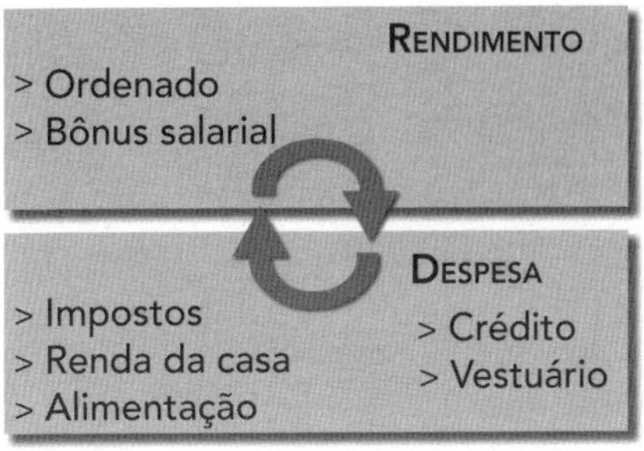

Figura 5 – Corrida dos ratos

Quando temos tantas despesas recorrentes que o próximo salário mal chega para pagá-las, sabemos que estamos na corrida dos ratos. É muito fácil cairmos nessa armadilha, se não estivermos alertas e não tomarmos medidas para evitá-la, como em situações em que queremos mais bens materiais do que podemos pagar ou quando temos determinado nível de vida e somos obrigados a nos ajustar e viver com menos, por conta de alguma emergência.

É muito importante termos o que chamo de "tempo de qualidade", o qual nos permite ponderar, analisar e criar as medidas necessárias para quebrar o ciclo de trabalho infindável, com pouco ou nenhum retorno. A maior parte das vezes não é o quanto trabalhamos, mas a qualidade desse trabalho que importa: acontece com frequência que 80% de nosso rendimento resulte de 20% do nosso tempo. Temos de refletir e de nos questionar continuamente para podermos nos superar.

Uma vez dentro da corrida dos ratos, é difícil quebrar o ciclo. Rapidamente começamos a perder o gosto pelo trabalho e pela vida, como tantos outros problemas. A melhor forma de evitar esse ciclo é estarmos conscientes dele e do que temos de fazer para não cair nessa armadilha. Uma vez presos ao trabalho e às despesas, temos de fazer um grande esforço e muitos sacrifícios para nos libertarmos.

Experimente ter, numa conta poupança, dinheiro suficiente para passar seis meses sem trabalhar mantendo o mesmo padrão de vida. Assim, no caso de uma emergência, você terá um fundo a que recorrer, não necessitando se endividar. Outra forma de evitar essa prisão é tentar prever necessidades futuras por intermédio de orçamentos e planos de despesas de dois ou cinco anos. Analisaremos mais detalhadamente outras formas de evitar a corrida dos ratos no capítulo da poupança.

O conhecimento e a conscientização das principais formas de endividamento, sobretudo as que originam a "corrida dos ratos", são analisadas a seguir.

Formas de endividamento

Créditos e dívidas me deixam arrepiado. Se pensarmos abstratamente num crédito ou no que ele representa, ele reflete, basicamente, o consumo de um recurso futuro no tempo presente. Ou, em linguagem mais direta, estamos torrando nossos rendimentos futuros para atender necessidades ou impulsos atuais. O certo seria exatamente o contrário. Nunca sabemos o que pode acontecer amanhã. Então, é melhor garantir do que comprometer o futuro. Além disso, o Brasil é o único país do mundo que conheço onde me perguntam, quando compro uma calça jeans, se quero pagá-la em 14 vezes.

O endividamento das famílias brasileiras tem atingido níveis recordes. Em abril de 2011, somava R$ 653 bilhões. O valor inclui cartões de crédito, financiamento bancário, crédito consignado, crédito para automóveis e imóveis, cheque especial, entre outros, e corresponde a 40% da renda anual do trabalho no país.

Tenho tentado utilizar neste livro sempre os valores médios indicativos, mas não consigo ainda entender como um país com renda média de R$ 1.202 tem R$ 1.298 médios de dívida mensal (segundo estudo da Federação do Comércio do Estado de São Paulo). O índice das famílias com dívidas estava nos 64,2% em abril de 2011 (dados da Pesquisa Nacional de Endividamento e Inadimplência do Consumidor – Peic) e 24,4% das famílias dizem ter contas em atraso, entrando em inadimplência, o que agrava ainda mais sua situação financeira. Naturalmente, o percentual das famílias que declaram não ter condições de pagar as contas também tem aumentado, chegando a 8,6%.

Este livro pretende falar de poupar e ganhar dinheiro, mas, para se ganhar dinheiro, primeiro é preciso saber administrá-lo e fazer bom uso do crédito. Não pretendo apresentar estatísticas mais assustadoras, mas é preciso compreender de onde vem tanto endividamento: 71,8% dos endividados brasileiros encontram-se nessa situação devido ao mau uso do cartão de crédito, 20,7% por conta de carnês e 12,4% em função do crédito pessoal. Mas o que torna ainda mais perigoso o caminho do futuro para muitos desses endividados é o fato de que a escolha do crédito e da entidade financeira não decorre das taxas de juro ou das condições de pagamento, mas da publicidade.

Defendo que uma das maiores causas de endividamento são fatores emocionais e é o fato de as pessoas não saberem "adiar a gratificação". Para isso não acontecer, teria sido necessário que alguém nos dissesse, muitas vezes, quando éramos novos: "**Se não tem dinheiro, não compre**". Saber aproveitar o que temos e não comprar além de nossas posses são grandes virtudes, que nos poupam muitas dores de cabeça e noites maldormidas.

Se compramos algo à vista, sentimo-nos satisfeitos por adquirir algo novo, pois trabalhamos para isso. Além disso, o valor pago é muito menor que qualquer prestação ou empréstimo contraído para efetuar a compra. Por outro lado, se comprarmos algo que só será realmente nosso depois de muito tempo, quando já estiver usado, pelo qual pagamos durante muito tempo, esse algo terá de ser trocado tão logo esteja quitado. Assim, o ciclo se repete e entramos em novo endividamento. A grande armadilha do crédito está também associada às prestações, que parecem não ter impacto nenhum no orçamento mensal, mas que se vão acumulando ao longo dos meses com o pagamento de parcelas de outros empréstimos. Além disso, o custo do crédito é muito elevado. Uma pequena dívida de R$ 200, com taxa de juro de cartão de crédito de 12% ao mês, terá crescido para R$ 779 ao fim de um ano, e se continuarmos o mesmo raciocínio, em 6 anos e 3 meses terá ascendido para mais de R$ 1 milhão. Eis uma maneira fácil de ajudarmos uma empresa a ganhar muito dinheiro...

Cartões de crédito

Os cartões de crédito continuam como uma das maiores causas de endividamento em todo o mundo, pois o acesso a eles está cada vez mais democratizado, inclusive para os jovens.

Se tiver mesmo de usá-lo, utilize-o de forma esporádica e evite a compra de bens de consumo. O truque para controlar o cartão de crédito é ter só um (só um mesmo), com limite de crédito baixo e taxa de juro aceitável e anuidade baixa, pagar sempre a fatura na íntegra e controlar os gastos com rigor. As taxas de juro mensais superiores a 10% funcionam como um escoadouro de dinheiro, como ficou demonstrado acima, em caso de atraso ou pagamento parcial da fatura.

Existem também alguns benefícios na utilização de alguns cartões de crédito, como a devolução de uma percentagem das compras feitas, ou o adiamento do pagamento de uma compra, para 15 dias ou 1 mês depois. De qualquer forma, só pessoas experientes e que saibam controlar suas despesas devem lançar mão desses recursos.

Troca de dívida

Cresce a cada ano o número de endividados que buscam em outras dívidas a solução para seus problemas. Serviços de proteção ao crédito e de defesa do consumidor e até algumas instituições financeiras têm orientado as pessoas a trocarem dívidas "mais caras" por outras "mais baratas". Uma pessoa que não consiga pagar a íntegra da fatura do cartão de crédito e esteja apelando para o pagamento parcial ou tenha dificuldade de cobrir o cheque especial pode pedir um empréstimo com juros mais baixos – por exemplo, um crédito pessoal – para quitar a dívida original. Isso também tem sido empregado por quem tem muitas dívidas e quer simplificar a vida, ficando com um só débito para administrar. Em outros países, há empresas que oferecem serviços do gênero. Aqui no Brasil, o consumidor tem de tomar a iniciativa por conta própria, embora possa recorrer a uma consultoria financeira – inclusive ao gerente de seu banco.

Adotar essa estratégia pode ser a saída para baratear uma dívida ou torná-la administrável, principalmente quando o limite de endividamento compromete o orçamento mensal. Mas, muito melhor que recorrer a isso, é ter o controle da situação. Até porque, certas práticas "viciam". Ao encontrar uma solução aparentemente fácil para seu problema de endividamento, é natural que a pessoa deixe de prestar atenção na solução do problema e recorra novamente a esses instrumentos, que no fundo representam apenas um paliativo para algo temerário e prejudicial, que é o excesso de dívidas.

Crédito imobiliário

Em média, a maior fatia do orçamento familiar é para o crédito imobiliário, ou seja, para pagar a casa própria. Há muitas pessoas que defendem que este é o chamado "bom crédito": estamos investindo em algo de valor elevado e que um dia será nosso. É também curioso como a maioria das pessoas não consegue criar um planejamento de cinco ou dez anos, mas concorda em assumir um crédito habitacional de 30 ou 40 anos.

No momento de investir num imóvel, é necessário ponderar a compra. No caso de um jovem, com apenas alguns anos de trabalho, não recomendo a compra de uma casa própria. Como existe muita precariedade no trabalho e grande necessidade de movimentação, prender-se a uma casa pode limitar o futuro profissional – ou financeiro. Os custos de aquisição podem facilmente chegar a 10% do valor do imóvel por conta dos registros, impostos, honorários, processos bancários e outras despesas obrigatórias nesse tipo de operação. Um aluguel pode, às vezes, ser uma boa opção. Mas iremos analisá-lo mais adiante.

Caso queira mesmo comprar uma casa, você deve prestar atenção a vários aspectos:

- A escolha da casa de acordo com sua finalidade.
- Acesso, facilidade de transporte, equipamentos sociais, supermercados, áreas verdes, exposição solar, etc.
- Prazo de garantia para defeitos de construção.
- O valor dos vários impostos a pagar: imposto sobre transmissão de bens imobiliários (ITBI) que pode chegar aos 3%; a taxa de registro do imóvel; a taxa de escritura imobiliária; o Imposto Predial e Territorial Urbano (IPTU) podendo chegar a 1%.
- Legalidade – se o vendedor é o verdadeiro proprietário; se não existem hipotecas[1] ou penhoras; se está livre de herdeiros com direito de preferência; se tem alvará de construção e habite-se,[2] etc.
- Valor e prazo do financiamento.

Há ainda alguns cuidados ao investir num imóvel. Vale a pena ponderar o aluguel em vez da compra. Tradicionalmente, nos países latinos, a habitação tem grande peso nas despesas mensais, ao mesmo tempo em que os

1 Hipoteca: Mecanismo de financiamento de valores elevados no qual um bem é dado como garantia real do pagamento do empréstimo. Muito comum nos Estados Unidos, onde é usado para pagar, por exemplo, a faculdade dos filhos ou na aquisição de um segundo imóvel, é pouco empregado no Brasil. (N. E.)

2 Habite-se: Certidão emitida pelas prefeituras para liberar o uso de um imóvel para a finalidade para a qual foi construído: habitação, comércio etc. (N. E.)

ativos são muito expostos à variação do mercado imobiliário. Uma regra que ajuda a escolher entre a compra e o aluguel é a regra dos 300, primeiramente apresentada por Arnold Kling. Se o preço de compra for maior que o aluguel mensal multiplicado por 300, vale a pena alugar. Ou seja, se estivermos indecisos entre um gasto mensal de R$ 500 ou uma aquisição por R$ 170.000, sendo que 500 × 300 = 150.000, o aluguel é a melhor solução.

@ Secretaria do Tesouro Nacional – Em http://www.tesouro.fazenda.gov.br você pode encontrar informações sobre dívida pública, déficit, gestão de tesouraria, entre outras atividades do Estado.

Tipos de despesa

Para nos ajudar a evitar o endividamento, é importante percebermos o padrão de despesa dos brasileiros. Evidentemente, esses são valores médios e indicativos, mas ajudam na compreensão das principais categorias de despesa. No próximo capítulo iremos analisar como criar o nosso próprio orçamento doméstico. Para isso, analisemos a tabela seguinte:

Tipo de Despesa	%
Alimentação	16,1
Habitação	29,2
Vestuário	4,5

Tipo de Despesa	%
Transporte	16,0
Higiene e cuidados pessoais	1,9
Assistência à saúde	5,9
Educação	2,5
Recreação e cultura	1,6
Cigarro	0,4
Serviços pessoais	0,9
Despesas diversas	2,4
Outras despesas correntes (impostos, pensões, etc.)	10,9
Despesas com ativos	5,8
Despesas com passivos	2,1

Figura 6 – Divisão média de despesas por tipo

Fonte: IBGE, Pesquisa de Orçamentos Familiares 2008-2009

Rapidamente constatamos que é em alimentação, habitação e transportes que se despende a grande fatia do salário. Até por isso, são essas as despesas às quais devemos prestar mais atenção.

Aprofundando o estudo da Pesquisa de Orçamentos Familiares (POF) 2008/09 do IBGE, as famílias brasileiras gastam, em média, R$ 2.626 por mês, havendo grande desigualdade entre as despesas nas áreas urbanas (R$ 2.853) e nas áreas rurais (R$ 1.397). Existem também grandes diferenças territoriais. As famílias do Sudeste gastam mais (R$ 3.135) e as famílias do Nordeste, menos (R$ 1.700).

Talvez você já conheça esses dados, mas eu o convido a refletir um pouco sobre o seu padrão de despesas e como ele pode evoluir. Mais à frente iremos estudar uma forma de analisar o seu caso concreto. Afinal, é o que interessa.

> @ Instituto Brasileiro de Geografia e Estatística – Em http://www.ibge.gov.br é possível encontrar estatísticas e informação oficial de qualidade sobre o tema apresentado, assim como outros indicadores.

Transações eletrônicas

Introduzo esse conceito porque, cada vez mais, o objetivo das entidades financeiras é nos fazer perder o controle do dinheiro. As transações eletrônicas beneficiam os bancos. Eles ficam, assim, em poder de mais dinheiro e controlam mais facilmente seus fluxos, sem terem de lidar com dinheiro físico, o que, naturalmente, implica custos.

Entenda-se como transações eletrônicas as trocas de dinheiro sem movimentação física de notas, moedas ou cheques. Cartões de débito, pagamentos *on-line*, cartões de micropagamentos são alguns dos tipos de transação eletrônica. Esse tipo de transação tem uma série de vantagens:

- É fácil de efetuar.
- É versátil, pois num só cartão temos todo o dinheiro de que necessitamos.
- Se perdermos a carteira, não perdemos o dinheiro, apenas os cartões – que podem ser bloqueados para uso indevido, até a emissão de um novo.

O senão é que, com o cartão, perdemos o controle do dinheiro com muita facilidade. Quando pagamos algo em espécie, quer sejam notas ou moedas, sentimos o dinheiro saindo do bolso e a carteira ficando mais leve. Com um cartão, isto não acontece. Ao contrário: muitas vezes, somos obrigados a verificar várias vezes o extrato bancário para descobrir para onde foi todo o salário...

Assim, meu conselho é: pague em dinheiro. Você com certeza irá gastar menos.

A inflação e a história do dinheiro

Para iniciar a história do dinheiro, vamos viajar no tempo, até 100.000 anos antes de Cristo. Nessa altura não havia o conceito de dinheiro. As pessoas trocavam bens por outros bens ou por serviços. As dificuldades de transporte e divisão eram regulares e era comum não se conseguir chegar a acordo, fosse pelo valor dos produtos, fosse por não haver interesse no artigo da troca.

Assim, foi introduzido o conceito de mercadoria, ou bens de conveniência, que era utilizado por todos, para as trocas. Exemplos de mercadorias são o sal, chá, tabaco, gado ou até sementes. No entanto, sua utilização também não era prática, devido às dificuldades de transporte e armazenamento e à decomposição.

Na antiga Lídia, os objetos de metal foram introduzidos como meios de troca, criando o conceito de dinheiro cerca de 5000 a.C. Os países começaram assim, massivamente, a procurar por diferentes minérios e a cunhar moedas que fossem diferentes das fabricadas por outros governos – para evitar desvios. O metal foi usado por estar facilmente disponível, por ser simples de trabalhar e por ser reutilizável para outras funções – além de não deteriorar facilmente. A partir da existência de moedas de diferentes valores, tornou-se mais fácil comparar o valor de diferentes mercadorias.

Com a introdução do papel-moeda e a cunhagem de metais não preciosos, o dinheiro tornou-se representativo, ou seja, o material de que era feito deixou de ser valioso *per se*. O papel-moeda data de 960 d.C., tendo aparecido primeiramente na China. A quantidade produzida de papel-moeda sempre foi diretamente subordinada a uma quantidade equivalente em ouro ou prata em poder dos governos. Com o tempo, o padrão monetário conhecido como padrão-ouro foi abandonado. O valor do dinheiro passou a ser fixado pelos governos. A partir da introdução do papel-moeda, sempre que um governo quer "criar mais riqueza" ou colocar mais dinheiro em circulação, basta imprimir mais cédulas. Isso faz com que o valor do dinheiro diminua, elevando os preços e, por conseguinte, a taxa de inflação. A inflação cria uma ilusão de riqueza, mesmo que tudo permaneça igual.

Essa tendência de alta dos preços de ano para ano chama-se inflação. Ela não se aplica às altas sazonais, aquelas que atingem um ou poucos produtos conforme a época do ano – o preço das hortaliças no período de chuva intensa, por exemplo. Nada disso é novo para o povo brasileiro, que conhece bem essa realidade, depois de ter enfrentado picos de 2.477% de alta de preços em um ano, ainda bem vivos na mente das pessoas com mais de 30 anos. Por isso, muitos brasileiros se entregam ao consumo de maneira irrefletida, pois durante muitos anos conviveram com um sistema em que era necessário trocar o dinheiro por bens rapidamente, antes que ele perdesse o valor.

Mas que fatores condicionam a inflação? Menciono apenas alguns, que considero bastante relevantes:

- Quando a procura por bens e serviços é superior à capacidade de produzi-los, os preços sobem. Normalmente isso ocorre quando há períodos prolongados de expansão econômica ou quando há melhoria no padrão de renda.
- A inflação também pode subir devido aos preços dos produtos importados, por conta da elevação de preços no país de origem ou questões como a desvalorização da moeda local.
- Quando os preços das matérias-primas aumentam muito, podem contagiar as economias do mundo inteiro. Temos assistido recentemente à crescente

subida do preço dos cereais, do petróleo e dos metais, com repercussões em todo o planeta. Uma inflação elevada por muitos anos condiciona também os anos subsequentes, devido às expectativas de que se manterá elevada. Assim, por exemplo, as empresas continuam a aumentar os preços preventivamente e os trabalhadores exigem aumentos salariais, repetindo o ciclo de subida dos preços, e impedindo que a inflação diminua. Foi um cenário como esse que ajudou a alimentar a inflação no Brasil entre 1970 e 1994.

Inflação no Brasil

No Brasil, a inflação sempre esteve muito ligada a desequilíbrios internos, a turbulências políticas e a choques externos decorrentes de mudanças nas economias internacionais. Antes do Plano Real, de 1994, o Brasil vivia períodos de hiperinflação, tendo passado por vários planos de estabilização malsucedidos. A inflação retrocedia momentaneamente, mas voltava com ainda mais força. Apenas algumas empresas que realizavam reajustes preventivos e o mercado financeiro – instituições financeiras e investidores – conseguiam ganhar dinheiro nesse cenário, por conta dos juros exorbitantes. Mas, a maioria das pessoas enfrentava seguidas perdas em sua renda real, nem sempre repostas pelos reajustes salariais ou dos preços – nos casos de pequenos empresários.

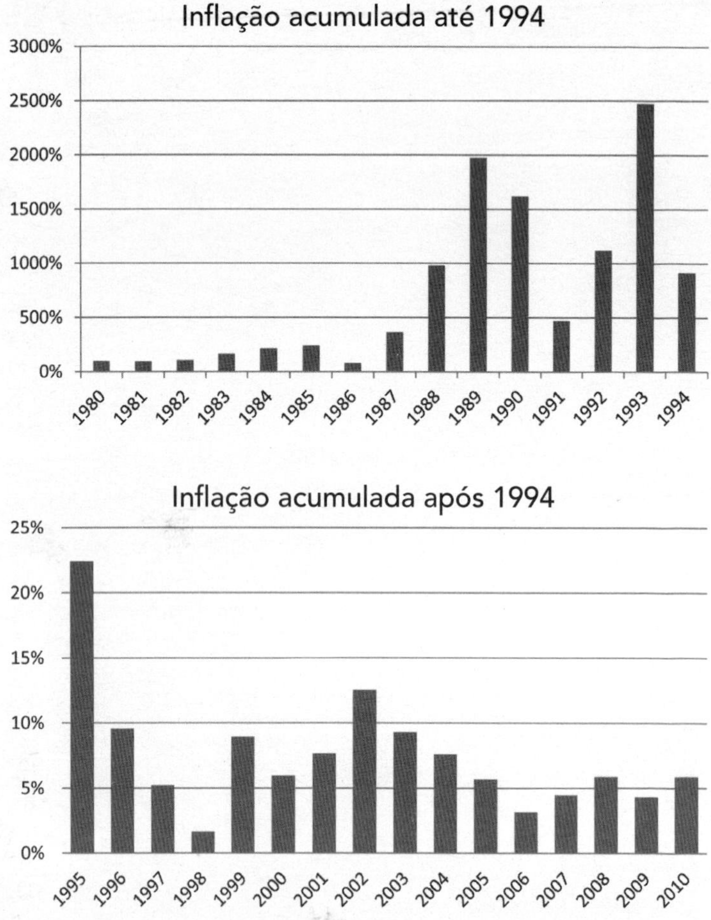

Figura 7 – Inflação acumulada desde 1980

O Plano Real teve um efeito enorme na mudança econômica do Brasil. Atualmente, a inflação está sob controle e permite às pessoas poupar e investir com boa margem de segurança em relação ao poder de compra. A tabela seguinte mostra o impacto que diferentes taxas de inflação têm sobre R$ 1.000 ao longo dos anos:

Número Anos	Taxa de inflação média -2%	1%	2%	3%	4%	5%	7%	10%	15%
1	1.020	990	980	970	960	950	930	900	850
2	1.040	980	960	941	922	903	865	810	723
3	1.061	970	941	913	885	857	804	729	614
4	1.082	961	922	885	849	815	748	656	522
5	1.104	951	904	859	815	774	696	590	444
10	1.219	904	817	737	665	599	484	349	197
15	1.346	860	739	633	542	463	337	206	87
20	1.486	818	668	544	442	358	234	122	39
30	1.811	740	545	401	294	215	113	42	8
40	2.208	669	446	296	195	129	55	15	2

Figura 8 – Efeito da inflação sobre R$ 1.000

Como dizia Jim Jubak, "a inflação é a maior ameaça, a longo prazo, para o valor dos bens financeiros", portanto, proteja-se dela.

IDEIAS-CHAVE

✓ *Dinheiro = Energia Vital*

O dinheiro estica e encolhe, e a vida não. Assim, devemos todos rentabilizar ao máximo o dinheiro que ganhamos, no mais curto espaço de tempo.

✓ *Todos temos 5 forças*

O trabalho das nossas forças é contínuo e realizado ao longo de toda a vida. Descubra seu equilíbrio pessoal, de que forma é mais produtivo, aquilo de que gosta e como você pode se diferenciar no local de trabalho.

✓ *Trabalhe para aprender, não trabalhe pelo dinheiro*

O mais importante de tudo, nesses 45 anos que terá de trabalhar, é fazer algo de que goste, algo que o desenvolva e o faça acordar todos os dias cheio de energia. Assim, o dinheiro entrará naturalmente em sua vida.

✓ *Procure um negócio*

Em vez de passar toda a vida como empregado, pense em negócios dos quais você possa ser dono.

PARA APLICAR JÁ!

- Quando for comprar algo, calcule o número de horas que terá de trabalhar para o pagar, para verificar se realmente essa despesa compensa.
- Invista no seu desenvolvimento pessoal. Lembre-se de que seu crescimento financeiro acompanha sua evolução pessoal.
- Não compre uma casa que custe mais do que 3 vezes o seu salário bruto anual.
- Se possível, não faça prestações. Use o crédito de forma responsável.
- Calcule o número de meses em que possa, eventualmente, ficar sem trabalhar mantendo o mesmo padrão de vida. Se for inferior a seis meses, junte dinheiro para alcançar essa meta em uma poupança ou aplicação que só deve ser usada em emergências.
- Não contraia dívidas que o prendam ao trabalho, para não ter de se endividar mais, caso ocorra um imprevisto. Se você trabalhar somente para pagar as despesas, já estará preso ao trabalho.

Parte 2

POUPE MAIS

A maioria das pessoas não percebe que, para ter dinheiro, o que importa *não é* o quanto se *ganha*, mas sim o quanto se guarda.

Ao longo deste capítulo, você encontrará um método seguro para aumentar sua poupança. Qualquer pessoa consegue poupar. O objetivo da poupança é juntar dinheiro suficiente para que, a partir de dado momento, o próprio dinheiro passe a trabalhar por você. Esta é uma das formas de se atingir a independência financeira – e ela permitirá a realização de seus sonhos.

Perfil meia-idade, mais ricos

Quem são as pessoas mais bem-sucedidas financeiramente e que ainda se encontram na flor da idade?

São as que poupam e gastam a partir de padrões predefinidos. São as que, tipicamente, não têm um salário muito elevado, mas administram seu dinheiro de modo eficaz. Aprenderam a controlar suas emoções em relação ao dinheiro.

O certo é que possuem poucas ou nenhuma dívida – nenhuma delas está relacionada ao cartão de crédito. Fazem poupança e investimentos regulares e aplicam o dinheiro em negócios estruturados. Mas não pense que são poupadores compulsivos e avarentos. Essas pessoas costumam apreciar a vida! Trabalham para aprender e por prazer – não pelo dinheiro.

De acordo com o livro *O milionário mora ao lado*, de Thomas Stanley e William Danko (Editora Manole), 80% dos milionários não ficaram milionários por herança. Estudando alguns casos detalhadamente, descobrimos que eram pessoas normais, mas que por alguma razão traçaram seus objetivos de longo prazo e nunca se desviaram deles. Segundo dizem, o que os moveu e possibilitou que se tornassem milionários foram atitudes como:

- Manter os objetivos e não sair do caminho.
- Aprender com quem já fez.
- Procurar fazer o que gosta, inclusive nos negócios.
- Associar-se a pessoas bem-sucedidas.
- Ser íntegro e merecer a confiança das outras pessoas.
- Resolver problemas de caráter pessoal.
- Ser sábio em relação ao dinheiro.

Essas pessoas "geram" dinheiro! Um desafio que lanço a você é o de aplicar o conceito de gerar dinheiro. Isso implica uma mudança de pensamento e um distanciamento em relação às questões do dia a dia. Experimente fazer o seguinte exercício: deite-se à noite e levante-se de manhã pensando como poderia ganhar mais dinheiro. Esse exercício não custa nada e o ajudará a focar-se na geração de capital. Tal como quando uma mulher está grávida e, graças ao foco na gravidez, passa a prestar atenção na existência de outras mulheres grávidas na rua. Ou quando compramos um carro e começamos a perceber à nossa volta mais modelos iguais a ele. Quando estamos focados em um tema, enxergamos melhor tudo que se relaciona a ele. Empreendedores são pessoas que estão sempre receptivas a novas ideias de negócio, a novas formas de capitalizar suas poupanças. Garanto que, incorporando esse modo de pensar no seu dia a dia, mais dinheiro vai entrar na sua vida sem que você tenha de fazer muito esforço para isso.

O Brasil, apesar das grandes desigualdades, tem também uma cultura de riqueza. É já o 11º país do mundo com maior número de milionários, 155.000. Mais interessante é que o número de milionários, ou seja, pessoas com mais de 1.000.000 de dólares de valor líquido, tem aumentado todos os anos. Com o crescimento da renda e a evolução social, especialmente com o crescimento da classe média, o Brasil atravessa um dos melhores períodos para se ganhar dinheiro e para aprender com quem entende do assunto.

Regra 1: Pensamento financeiro

O pensamento financeiro é composto por três vetores: inteligência financeira, integridade financeira e independência financeira.

Inteligência financeira

Para conseguirmos olhar inteligentemente para o nosso dinheiro, é necessário nos distanciarmos das emoções e das imagens que fazemos dele. Precisamos conseguir olhá-lo objetivamente, saber exatamente quanto entra e quanto sai e conhecer o verdadeiro impacto do que ganhamos e do que gastamos. Ter a consciência de que o dinheiro serve para ser trocado por bens e serviços é extremamente necessária para a inteligência financeira. Ela resolve problemas e gera mais dinheiro.

Para entendermos o modo como vemos o dinheiro é importante que nos façamos as seguintes perguntas:

- O dinheiro realmente compra a felicidade?
- O dinheiro é algo a ser cobiçado ou temido?

Um dos passos na demanda da inteligência financeira é calcular a quantidade de dinheiro que já entrou e saiu de nossas vidas.

Um objetivo tangível dessa inteligência é a capacidade de pagarmos as nossas dívidas.

Integridade financeira

Ter integridade financeira permite ter um olhar crítico sobre o nosso fluxo de caixa, saber qual é a quantidade de dinheiro suficiente, o que são bens materiais necessários e o que é o excesso. A integridade financeira nos dá a possibilidade de alinhar o dinheiro com os nossos valores e objetivos de vida. Ela é muito mais difícil de aplicar do que a inteligência financeira, pois pressupõe uma reflexão sobre a vida, sobre a forma como a orientamos e sobre como administramos nosso dia a dia.

Independência financeira

A independência financeira nos permite dizer: "Eu nunca mais tenho de trabalhar pelo dinheiro!". Significa ter um rendimento suficiente para as necessidades básicas e confortos, de uma fonte que não seja o emprego. Por meio dessa independência, podemos nos libertar do dinheiro e viver a vida. Pense sobre isso: você poder fazer o que quiser, algo que contribua para a sociedade e que esteja alinhado com os seus valores e capacidades.

Curiosamente, trata-se de um conceito muito mais difícil de aplicar, para a maioria de nós, porque implica grande conhecimento de nossos objetivos e forças. Ao aplicar os princípios deste livro, você está no caminho certo para obter a independência financeira. Ao lê-lo, vai perceber que, para atingir a independência, precisará de muito mais que um salário seguro: terá de se libertar das crenças financeiras e das dívidas, crescer pessoalmente e conseguir administrar corretamente os bens materiais.

Regra 2: Pagar primeiro a nós mesmos

Pagar primeiro a nós mesmos significa que, antes de qualquer pagamento que venhamos a fazer a qualquer outra pessoa, devemos separar para nós mesmos uma determinada quantia. Quando recebemos o salário, devemos retirar logo uma parte e depositá-la em uma conta poupança ou de investimento. Não se preocupe se o salário estiver contado para as despesas do mês. Logo você irá perceber que é possível fazer sobrar dinheiro para aplicar. O importante é reservar primeiro o seu próprio pagamento, especialmente num cenário de crise financeira.

Funciona como a retenção do Imposto de Renda na fonte. Se você reparar bem, verá que o governo paga primeiro a si próprio, tirando uma parcela de cada salário na forma de imposto retido na fonte. Quando você recebe o seu salário, esse dinheiro já foi descontado. Na verdade, o governo age de forma preventiva. O que ocorreria se não houvesse retenção na fonte e cada um de nós tivesse de pagar os impostos no fim do mês? Muito provavelmente, o governo ficaria sem dinheiro. Pagar primeiro a nós mesmos é importante porque:

- Poupamos o que planejamos – não o que sobra no fim do mês.
- Podemos não saber para onde foi o dinheiro, mas já poupamos.
- Se não tivermos dinheiro suficiente por termos feito um mau orçamento ou se ocorrerem despesas ines-

peradas, teremos de cortar em algum lado ou trabalhar mais, porque o dinheiro poupado não pode – ou não deveria – ser usado para cobrir tais despesas.

- Essa prática nos habitua a viver com o que temos.

Pagar primeiro a nós mesmos só irá pesar no orçamento nos dois primeiros meses. No primeiro, você deve fazer um orçamento de quanto vai gastar e retirar logo a quantia excedente, assim que receber o ordenado. Provavelmente, não irá acertar logo no primeiro mês. No segundo, porém, conseguirá ter uma ideia mais clara dos gastos e ficará mais à vontade para gerir sua vida financeira, usando somente o dinheiro necessário para o mês e poupando o restante. Faça o teste e comprove.

Quanto devemos pagar a nós mesmos?

A média dos brasileiros economiza pouco, especialmente se compararmos com a taxa de poupança de outros países emergentes. A baixa renda nacional, a influência do sistema de segurança social e o gosto pelas compras são algumas das razões que levam a população a não aproveitar o crescimento econômico para poupar um pouco. Em 2006, segundo dados do IBGE, as famílias poupavam 7,6% de seus rendimentos. Atualmente, a poupança aumentou um pouco, mas ainda é extremamente baixa. Os chineses são o povo que mais poupa, sendo que, em média, economizam 40% do salário. O próprio governo chinês chega a poupar 30% de sua receita.

As boas práticas das finanças pessoais dizem que devemos pagar a nós mesmos, pelo menos, uma hora de trabalho diário. Isto representa, em média, 12,5% do que ganhamos, se trabalharmos 8 horas por dia. Já em 1922, George Clason, no livro *O homem mais rico da Babilônia* recomendava que se poupasse uma de cada dez moedas ganhas. Pense: não é curioso que após um dia inteiro de trabalho você fique com o produto de apenas uma hora?

Vamos analisar alguns dos perfis financeiros, com base na poupança realizada:

- Falido – Não paga primeiro a si mesmo. Gasta mais do que ganha.
- Pobre – Gasta tudo o que ganha e não poupa nada.
- Classe média – Paga primeiro a si mesma, de 5% a 10% do salário.
- Classe alta – Paga primeiro a si mesma, de 10% a 20% do salário.
- Rico – Paga primeiro a si mesmo, pelo menos 20% da renda.

Pela análise desses perfis, é visível a importância de pagar primeiro a nós mesmos. Se você conseguir poupar 20% do que ganha, mesmo que seja pouco, existem grandes probabilidades de se tornar rico durante sua vida economicamente ativa. Existem algumas fases da vida financeira em que pode ser mais fácil poupar. No caso de um jovem que já trabalha, mas ainda vive na casa dos pais, sem ter de responder por grandes despesas, poupar 50% de seus rendimento é perfeitamente possível.

Analisemos, então, como aumentar nossa poupança.

Regra 3: Controlar o fluxo de caixa

O controle do fluxo de caixa – ou das entradas e saídas de dinheiro – tem como objetivo principal saber de onde vem – o que normalmente é mais fácil – e para onde vai o dinheiro. Consiste no acompanhamento e registro diário, semanal ou mensal de nossas despesas.

A maior parte das pessoas acha difícil realizar essa tarefa e não vê como ela até pode ser divertida. Afinal, quem é que não gosta de contar dinheiro ou olhar para ele?

O controle de entrada e saída de dinheiro é o bê-á-bá de todos os livros de gestão de finanças pessoais. Isso porque permite a alguém que está em dificuldade financeira, ou a quem precise saber com precisão seu fluxo de dinheiro, controlá-lo e acompanhá-lo. Se não registrarmos o fluxo de caixa, podemos achar que o dinheiro está sob controle. Mas não está. Controlar o fluxo de caixa nos permite poupar mais. Olhar para a conta no início e no fim do mês e vermos quanto gastamos é diferente de registrar e analisar regularmente as despesas. Lembre-se: quando vê por onde o dinheiro sai, você sente mais essa saída, o que lhe dá ímpetos de controlá-lo melhor. Trata-se de um passo essencial para atingir a independência financeira e para colocar o dinheiro a seu serviço – e não o contrário.

Objeto da desgraça

Para tomarmos as rédeas do fluxo de caixa, temos de aprender a controlar os nossos objetos de desgraça: bens a cuja compra temos dificuldade em resistir.

Todos deveríamos ter um sistema de alerta que nos impedisse de fazer compras por impulso. Como não temos, precisamos reconhecer quais são os objetos da nossa perdição financeira e evitar os "maseques" ("mas é que...") que justificam e apoiam decisões de compra totalmente irracionais. Um de meus objetos de desgraça são livros. Costumo comprá-los mesmo quando já tenho uma edição anterior. "Mas é que este tem uma capa diferente" ou "mas é que o outro já está meio velhinho", justifico para mim mesmo.

Para evitar as compras a que não conseguimos resistir, devemos nos perguntar se realmente precisamos daquilo que nos atiça o desejo. Quem melhor controla o fluxo de caixa, poupança e objetos de desgraça é quem consegue controlar seus impulsos por uma gastança desnecessária.

Faço uma ressalva aos mimos que só nós mesmos podemos nos dar. Se sentir que precisa gastar algum dinheiro consigo mesmo, gaste-o. É perfeitamente natural e saudável. Você só vai conseguir administrar bem o seu dinheiro – e ajudar aos demais – se estiver bem consigo mesmo. Mas atenção: esse tem de ser um gasto consciente e você deve prever no orçamento uma categoria de despesa para esse fim. Só assim o que poderia ser um mimo, algo para levantar sua autoestima, não vai pôr seu controle a perder.

Mapa do fluxo de caixa

O controle do fluxo de caixa se materializa através da elaboração de um mapa de fluxo de caixa. Ele deve ter uma divisão por categorias, possibilitando o registro regular de receita e despesas.

O objetivo desse mapa é tornar o dinheiro real. Possibilita saber quantas horas de trabalho necessitamos para pagar determinada despesa e ter perfeita consciência do fluxo do dinheiro. Se lhe perguntarem quantas horas tem de trabalhar para pagar a comida que come, você saberia responder?

Esta é talvez a tarefa mais difícil de seguir. É também uma das mais importantes! A verdade é que a maioria das pessoas não tem paciência para colocá-la em prática. Mas saiba que será trabalhoso apenas no início. Normalmente, as pessoas conferem suas contas somente no início e no fim do mês. Não sabem para onde vai o dinheiro, mas pensam que sabem.

Mesmo que você tenha pouco tempo, acompanhe sua receita e seus gastos de perto. Com certeza irá ganhar tempo e poupar dinheiro. Se acha que não consegue fazer isso todos os meses, então faça, obrigatoriamente, apenas em períodos de mudança de vida: troca de emprego, mudança de casa, surgimento de uma nova despesa.

Vejamos, então, na página ao lado (Figura 8), como podemos simplificar essa tarefa.

No mapa apresentado, além do registro de todas as despesas diárias, também se pode ver uma divisão por categorias com gastos associados. Elas devem ser reduzidas ao número mínimo necessário. Podemos calcular o número de horas que temos de trabalhar para pagar cada categoria. Com essa análise, aumentamos nossa consciência sobre o valor do trabalho.

A única coisa de que necessitamos para fazer esse mapa é de uma ferramenta, que pode ser uma planilha de Excel, um programa financeiro no computador ou na Internet ou uma simples folha de papel. É fundamental que seja algo que se possa carregar, de modo a estar sempre acessível para atualização regular.

Para o registro das despesas é possível adotar vários métodos de atualização: após cada compra, no fim do dia ou da semana (desde que guardemos os recibos). Cada um deve descobrir com qual maneira se sente mais à vontade.

@ **Exemplo de folha de fluxo de caixa** – Em http://www.oseuprimeiromilhao.com você pode encontrar uma ferramenta de controle de fluxo de caixa totalmente adaptável ao seu método de registro de despesas.

Rubrica	Data	Preço (R$)	Descrição
Salário	1/maio	1.600,00	Rendimentos da EM
Comissões e extras	1/maio	690,00	Comissões
Alimentação	2/maio	6,90	
Esportes	3/maio	12,50	
Restaurantes	4/maio	45,00	Saída
Transporte	5/maio	51,00	
Habitação	6/maio	800,00	
Alimentação	7/maio	12,00	
Alimentação	8/maio	15,00	
Livros e revistas	11/maio	9,50	*Pai rico, pai pobre*
????	11/maio	120,00	
Mimos e presentes	11/maio	17,50	Pais
Livros e revistas	11/maio	7,50	
Alimentação	12/maio	7,00	
Restaurante	13/maio	13,00	Almoço Rios
Cultura e lazer	13/maio	5,00	
Gadgets e eletrônica	13/maio	25,00	Pen
Cinema	14/maio	5,00	
Alimentação	15/maio	3,10	
Passeios	16/maio	7,75	Aniversário Rui
Alimentação	17/maio	7,75	
Vestuário	17/maio	40,00	Casaco
Alimentação	17/maio	2,00	
Alimentação	18/maio	10,00	
Alimentação	18/maio	13,00	
Supermercado	18/maio	110,00	
Comunicações	19/maio	40,00	
Outros	20/maio	65,00	
Adicione suas outras despesas mensais			

Saldo mensal R$ 332,25		Seu salário por hora: R$ 5,80			
Despesas	**R$ 1.957,75**	**Frequência da despesa**	**Gasto médio por rubrica (R$)**	**Taxa Esforço**	**Horas de trabalho para pagar rubrica**
Alimentação	376,75	10 vezes	37,68	16%	65
Habitação	800,00	1 vez	800,00	35%	137,90
Casa e despesas domésticas	–	–	–	0%	0,0
Comunicações	40,00	1 vez	40,00	2%	6,9
Dívidas	–	–	–	0%	0,0
Cultura e lazer	64,00	2 vezes	32,00	3%	11,0
Transporte	221,00	2 vezes	110,50	10%	38,1
Esportes	12,50	1 vez	12,50	1%	2,2
Educação	59,00	1 vez	59,00	3%	10,2
Gadgets e eletrônica	25,00	1 vez	25,00	1%	4,3
Impostos	–	–	–	0%	0,0
Livros e revistas	17,00	2 vezes	8,50	1%	2,9
Material de escritório	–	–	–	0%	0,0
Outros	65,00	1 vez	65,00	3%	11,2
Presentes	17,50	1 vez	17,50	1%	3,0
Restaurantes	45,00	1 vez	45,00	2%	7,8
Saúde	–	–	–	0%	0,0
Seguros	–	–	–	0%	0,0
Supermercados	110,00	1 vez	110,00	5%	19,0
Vestuário	105,00	2 vezes	52,50	5%	18,1
Adicione mais despesas					

Receitas	R$ 2.290,00	% Peso
Salário	1.600,00	69,6%
Prêmios	690,00	30,1%
Comissões	–	0%
Investimentos	–	0%
Direitos autorais	–	0%
Adicione mais receitas		

Figura 9 – Mapa de fluxo de caixa

Regra 4: Alinhar despesas

Todos temos ambições diferentes, mas o importante é termos o suficiente para estar bem. Aqui surge a questão: "Quanto é suficiente?" ou "Com o que é que eu estou bem?". São perguntas que vamos respondendo e cujas respostas vão se modificando ao longo da vida.

A realização pessoal está diretamente ligada ao dinheiro gasto. Precisamos gastar pouco dinheiro para as necessidades básicas. À medida que queremos mais conforto e procuramos maior realização pessoal, vamos gastando mais. O problema surge quando sucumbimos aos luxos, gastando *muito mais*. Nessa fase pensamos que a nossa realização pessoal aumenta, mas todos os problemas inerentes a despesas e trabalho acrescidos pelo novo estilo de vida acabam por reduzir a realização pessoal.

Vivemos numa sociedade de consumo em que queremos sempre mais e gastamos mais: mais escolhas, mais dinheiro, mais responsabilidade, mais prestígio. É preciso que haja um equilíbrio entre dinheiro gasto e realização. Mas o mais difícil é saber quanto é o suficiente, qual o ponto de satisfação.

Há autores, como Barry Schwartz, que consideram que menos escolhas proporcionam mais satisfação. Com tantas escolhas ao nosso dispor, depois de fazermos uma, é comum pensarmos em como seria se tivéssemos feito outra. Lembre-se: quem vive para ter tudo nunca tem o suficiente.

Para tomar as decisões mais acertadas, você deve fazer perguntas como as seguintes:

- Obtive realização, satisfação e valor proporcionais à energia vital gasta?
- Esse gasto de energia está alinhado com meus valores e objetivos de vida?
- Esse gasto mudaria se não tivesse de trabalhar para ganhar a vida?

Essas perguntas vão ajudá-lo a alinhar as despesas com seus objetivos de vida. É um trabalho individual que deve ser feito, de modo regular, ao longo da vida.

Uma forma de conseguir alinhar as despesas com os objetivos é realizando um mapa semelhante ao apresentado na página seguinte (Figura 10) e como mencionado no livro *Dinheiro e vida*, de Joe Dominguez e Vicki Robin (Editora Cultrix).

Ao ponderarmos acerca da realização obtida e do alinhamento com nossos objetivos e ao olharmos inteligentemente para o dinheiro, conseguiremos alcançar uma consciência do fluxo e do impacto do dinheiro nas nossas vidas.

Ao analisarmos a realização obtida, iremos ver que gastos são automáticos e que muitas vezes resultam de vícios. É possível até identificar claramente nosso objeto de desgraça. Ninguém quer eliminar os objetos de desgraça, apenas devemos ter consciência da realização e do impacto que isso tem sobre nossas finanças. Com o tempo, ao ver quanto dinheiro se gasta com eles, vamos perceber que por vezes pode ser um tesouro bem caro.

Despesas	R$ 1.957,75	Frequência da despesa	Gasto médio por rubrica (R$)	Taxa esforço	Horas de trabalho para pagar rubrica	Realização	Alinhamento	Racionalidade
Alimentação	375,75	10 vezes	37,68	16%	65,0	0	0	-
Moradia	800,00	1 vez	800,00	35%	137,9	0	+	0
Casa e despesas domésticas	–	–	–	0%	0,0	0	0	0
Comunicações	40,00	1 vez	40,00	2%	6,9	0	0	0
Dívidas	–	–	–	0%	0,0	0	+	0
Cultura e lazer	64,00	2 vezes	32,00	3%	11,0	+	+	+
Transporte	221,00	2 vezes	10,50	10%	38,1	0	–	–
Esporte	12,50	1 vez	12,50	1%	2,2	+	+	+
Educação	59,00	1 vez	59,00	3%	10,2	+	+	+
Gadgets e eletrônicos	25,00	1 vez	25,00	1%	4,3	+	0	0
Impostos	–	–	–	0%	0,0	0	0	0
Livros e revistas	17,00	2 vezes	8,50	1%	2,9	0	+	+
Material de escritório	–	–	–	0%	0,0	0	0	0
Outros	65,00	1 vez	65,00	3%	11,2	0	0	0
Mimos e presentes	17,50	1 vez	17,50	1%	3,0	0	0	0
Restaurantes	45,00	1 vez	45,00	2%	7,8	+	+	0
Saúde	–	–	–	0%	0,0	0	0	0
Seguros	–	–	–	0%	0,0	0	0	0
Supermercado	110,00	1 vez	110,00	5%	19,0	0	0	0
Vestuário	105,00	2 vezes	52,50	5%	18,1	–	0	–

Figura 10 – Alinhar as despesas

A partir desses exercícios de alinhamento iremos desenvolver um sentido natural que nos permite avaliar o que é suficiente e o que é excessivo. Ao colocarmos de um lado da balança a realização obtida e do outro a energia vital despendida para cada categoria da nossa vida, encontramos um resultado concreto: estamos ou não fazendo aquilo em que acreditamos? Estamos ou não cumprindo nossos valores?

Mas o que são valores, afinal? São os princípios e qualidades com os quais nos identificamos e que realmente importam para o nosso bem-estar. Tais perguntas o ajudarão a atingir a integridade financeira.

A análise racional das despesas nos permite caminhar no sentido da inteligência financeira e ganhar um olhar objetivo sobre as despesas. "Poderíamos gastar mais, poderíamos gastar menos?" ou "Se não tivéssemos de trabalhar para ter dinheiro, essa despesa mudaria?". Através de perguntas como essas iremos chegar a conclusões surpreendentes. Responda: quem é mais independente financeiramente, a pessoa que consegue adquirir uma torradeira ou a pessoa que paga a terceiros para obtê-la? Se pensarmos financeiramente, a primeira opção é a correta.

Os exercícios aqui apresentados são de aplicação extremamente simples; contudo, só são aplicáveis se você puser em prática a regra anterior: controlar o fluxo de caixa. As práticas de alinhamento deverão ser realizadas, sobretudo, em períodos de mudança de vida e com o auxílio da regra 1, o Pensamento Financeiro.

Regra 5: Ver o progresso

A possibilidade de ver a evolução do fluxo de caixa é outra das razões que justifica a importância de controlá-lo. O gráfico a seguir nos dá um exemplo de uma representação visual da evolução do dinheiro:

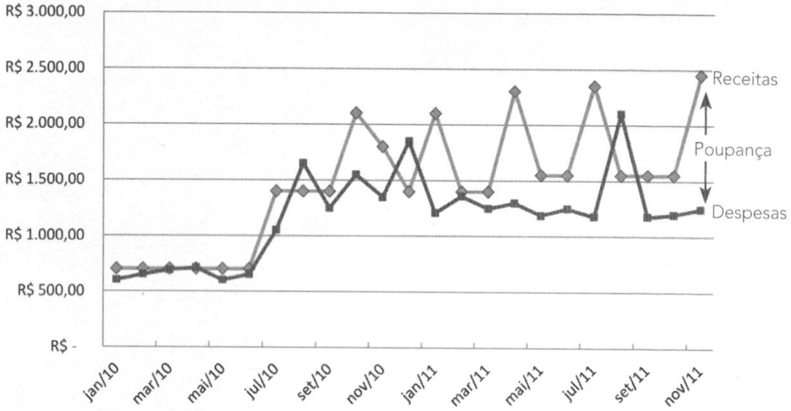

Figura 11 – Evolução do fluxo de caixa

Os valores apresentados devem ser líquidos. Podemos ver na linha inferior do gráfico as despesas mensais e na linha superior as entradas mensais. A área compreendida entre as duas representa a poupança feita. É óbvio que a linha das despesas tem de manter-se sempre abaixo da linha de receita. Idealmente, a linha das saídas deve diminuir e a linha das entradas deve aumentar para que você possa maximizar sua poupança. Quando fizermos esse gráfico, poderemos complementar a análise comparando a evolução dos valores com a inflação ou com a evolução econômica.

As linhas de receita e de despesas evoluem também de forma diferente, de acordo com nossa atividade profissional. Na grande maioria dos casos de assalariados, a linha da receita sobe lenta e continuamente. Por outro lado, na evolução dos empreendedores haverá períodos de queda na receita e, idealmente, curvas bem acentuadas de alta. No caso dos investidores, as curvas da receita serão erráticas, sem padrões predefinidos.

Também é possível construir esse gráfico apenas olhando para a conta bancária no início e no fim do mês. No entanto, nunca pouparemos tanto como poderíamos controlando o fluxo de caixa regularmente e analisando sua evolução.

Regra 6: Valorizar nossa vida

Essa regra final parece óbvia. Contudo, a maioria de nós não a aplica de forma regular e consistente.

Essa regra tem a ver com o uso inteligente de nossa energia vital (dinheiro) e a redução permanente ou eliminação de despesas.

Tem a ver também com a forma como utilizamos nosso tempo. Será que recebemos tudo o que podemos ao vender nosso bem mais precioso, nosso tempo?

Considere as seguintes perguntas:

- O que é o trabalho?
- Por que você trabalha?

- Até que ponto você usa bem sua energia vital, no trabalho e fora dele?
- Você está sendo consumido pelo trabalho?
- Por que você sai de férias?
- Você ama sua vida, utilizando cada hora com cuidado?

Não vou responder a todas, porque existem respostas muito distintas para cada pessoa. Quero lhe dar, no entanto, algumas definições de senso comum do termo "trabalho":

"Trabalho é algo que as pessoas não querem fazer, e o dinheiro é o que as compensa por coisas desagradáveis."

"Trabalho é amor tornado visível."

A definição de trabalho varia muito conforme nossa percepção dele e nossos valores. Devemos redefinir o trabalho como algo de que gostamos e com que nos identificamos. Devemos fazer isso porque a razão pela qual trabalhamos e que nos faz levantar todos os dias pela manhã, varia bastante. Será para ganhar dinheiro? Para nos sentirmos seguros? Para obter prazer? Por pura obrigação? Para aprender? Por prestígio ou poder? Para ter sucesso? Enfim, cada um tem seus motivos para trabalhar.

Na minha opinião, o único objetivo do emprego é o pagamento que recebemos pelo trabalho. Então, você nunca deve trabalhar por ganância, mas sim por respeito e amor a sua própria vida. Afinal, você pode obter tudo que se obtém por meio do trabalho de outras maneiras – mas nunca será pago por isso.

É, assim, importante que você conheça, ao longo de sua vida profissional, seu valor de mercado, que tenha consciência da oferta e da procura e do modo como se distinguem e se influenciam tais parâmetros.

Outro aspecto que deve levar em consideração é o conhecimento de sua categoria de trabalho (empregado, autônomo, investidor ou empresário) e saber negociar. Quando mudei de área na empresa, meus gastos com roupas e transporte, por exemplo, aumentaram em virtude de minhas novas funções. Tive de negociar o novo salário tendo em vista meu novo perfil de despesas.

Existem outros fatores que podem influenciar a exigência de melhores condições de trabalho, tais como o número de horas de trabalho real, realização pessoal, o alinhamento das tarefas com nossos objetivos de vida, a facilidade de se desligar do trabalho, entre outros.

Lembrem-se: se não cuidarmos de nós, ninguém cuidará. É tarefa sua aumentar sua renda e gerar riqueza. O texto que se segue pretende dar algumas dicas de como valorizar sua vida!

Como ganhar mais

Como disse, é tarefa de cada um de nós aumentar os próprios rendimentos e gerar a própria riqueza. Devemos, para tanto, fazer um esforço para poupar regularmente e otimizar nossos gastos (como os relacionados com o trabalho). Mas também devemos exigir uma remuneração melhor.

Sugiro a todas as pessoas que aumentem o seu rendimento 10% todos os anos. Com 10% anuais de aumento, a cada sete anos você duplica seu salário. Nem todos vão conseguir essa proeza. Principalmente quem tem apenas uma fonte de renda. É ainda mais difícil para quem atua no setor público. Mas todo mundo deve buscar alternativas, descobrir formas de pensar financeiramente e gerar dinheiro. Depende de cada um.

Podemos levantar muitas objeções, como:

- Minha empresa não paga isso.
- Já estabilizei na carreira.
- O mercado não paga isso.
- Não sei negociar.
- Tenho aqui um salário certo e seguro.

Há com certeza muitos outros argumentos, mas permita-me a audácia de dizer que:

- Somos nós quem escolhemos a empresa em que trabalhamos.
- Se formos bons profissionais, teremos poder de negociação.
- Podemos buscar oportunidades em outros lugares, inclusive no exterior.
- Devemos aprender a negociar.
- Podemos mudar de empresa algumas vezes.
- Quando achamos que merecemos mais é porque merecemos mais!

Mesmo quando trabalhamos por conta própria, podemos pedir mais aos nossos clientes, tentando sempre trazer mais valor ao serviço que prestamos ou aos produtos que vendemos. Conheço também muitos casos de pessoas que já haviam se estabilizado na carreira e se dedicaram ao empreendedorismo, gerando mais uma fonte de renda para si e criando mais valor para a sociedade.

Desse modo, só temos de querer mais, acreditar nisso e, acima de tudo, fazer algo por isso. Em períodos de crise financeira, de crise econômica ou de taxas de desemprego em alta, torna-se essencial procurar mais de uma fonte de renda. É arriscado tirar todo nosso sustento de uma única fonte. Equivale a colocar todos os ovos numa única cesta. Qualquer problema mais sério que ocorra com essa fonte compromete gravemente nossa saúde financeira. Sugiro por isso que você pense em como conseguir mais fontes de renda. As múltiplas fontes podem ser divididas em duas categorias: rendimentos ativos e rendimentos passivos ou de portfólio.

- Um rendimento ativo é aquele obtido pelo trabalho, quando dedicamos algum tempo a prestar determinado serviço. Em geral, requer muito tempo e muita energia vital para que haja alguma compensação financeira. São os rendimentos provenientes de trabalho assalariado, pequenos negócios, comissões ou consultoria.

- Um rendimento passivo provém de uma renda. Em geral, requerem menos tempo de dedicação e pouca energia vital. Têm a característica de perdurarem durante algum tempo e não necessitarem do emprego de novos esforços de nossa parte. Nessa categoria enquadram-se a receita com aluguéis, dividendos, juros, *royalties*, direitos autorais ou intelectuais, entre outros.

É muito mais fácil diversificar as fontes de renda quando mudamos dos rendimentos ativos para os passivos. Até porque eles não nos demandam tanto tempo. Ou seja, em vez de ter dois empregos, torna-se mais vantajoso ter um emprego e outra fonte de renda passiva, como casas de aluguel, ações na bolsa etc.

Ideias para poupança

É muito fácil poupar. Quase sempre, tudo o que é necessário é aprender a controlar as emoções. É importante usarmos as emoções para pensar e não deixar que as emoções substituam o raciocínio.

Algumas ideias certamente o ajudarão a poupar mais:

- ***Pare de tentar impressionar as outras pessoas***

Acredite, se você parar de tentar impressionar os outros com bens materiais, vai poupar muito dinheiro. Se serve como estímulo, pense em como elas vão ficar impressionadas com sua capacidade de poupar.

▪ *Não vá às compras*

Ou pelo menos planeje muito bem antes de sair de casa para evitar deslocamentos desnecessários e também para não cair na tentação de comprar algo de que não precise ou que esteja fora do seu orçamento. As estatísticas comprovam: apenas 25% das pessoas que vão às compras realmente adquirem algo de que necessitam. Nos EUA, por exemplo, o número de centros comerciais ultrapassa já o número de escolas secundárias.

Quando nos organizarmos para fazer compras em um só dia do mês, economizamos dinheiro: primeiro, em deslocamentos, e, segundo, em bens desnecessários nas visitas aleatórias às lojas. Essa é uma forma de controlar um pouco melhor o vício da compra por impulso.

▪ *Cuide do que possui*

Há algo que todos temos e que desejamos que dure o máximo possível: nosso corpo. Cuide do seu. Alimente-se de forma saudável e faça exercícios físicos regulares. Outros bens que possuímos, apesar de não serem tão importantes, também devem ser bem tratados: a casa, o carro, os eletrodomésticos e outros bens materiais, principalmente os de mais alto valor. Já diz o ditado popular: "Mais vale prevenir do que remediar".

▪ *Compre usado*

Reexamine suas convicções sobre a compra de bens usados. É possível encontrar muitas pechinchas em excelentes condições. Livros, roupa, mobília e eletrodomésticos podem ser encontrados em lojas de artigos em segunda mão e até pela Internet, na Amazon ou em outros *sites* de compra. Claro que é preciso analisar cuidadosamente a peça, mas eu garanto que é possível encontrar produtos quase novos por um terço do preço original.

- ***Pague suas dívidas***

As instituições de crédito podem cobrar 120% de juros anuais sobre o valor do empréstimo. Isso quer dizer que, para cada R$ 100 emprestados, você teria de pagar mais que o dobro ao final de um ano. Pagar antecipadamente e exigir o desconto dos juros é a melhor forma de tornar a dívida mais barata e ao mesmo tempo se livrar dela. No pagamento de dívidas, as de valor mais alto devem ser prioritárias. Uma vez pagas, vão representar economia de dinheiro com certeza.

- ***Elimine os cartões de crédito, menos um***

Acredito que todos já estejamos conscientes dos problemas que os cartões de crédito representam. Por isso, devemos ter um só, para emergências e com limite de crédito baixo.

- ***Na hora de pagar, use dinheiro***

Se você seguir essa regra, vai eliminar de sua vida grande parte das dívidas. Pague em espécie, em dinheiro vivo. Isso ajuda a poupar. Ao perceber a velocidade com que o dinheiro sai de seu bolso, você vai se sentir pressionado a só realizar novas compras quando tiver dinheiro suficiente para elas, sem comprometer o orçamento.

- ***Ande a pé e use transporte público***

Essa é a opção barata para deslocamento e, hoje em dia, é muito útil em função dos problemas de estacionamento e de congestionamento nas cidades. Para melhor contabilizar os benefícios de usar o transporte público na comparação com as vantagens do carro próprio, não se esqueça de incluir gastos com revisões, desgaste, combustível, seguro, estacionamento e impostos (IPVA, taxa de licenciamento e inspeção ambiental, onde ela existe).

- ***Anote o consumo***

Faça um registro de quilômetros percorridos, datas e volumes de abastecimento de combustível. A tarefa é mais fácil nos veículos com computador de bordo. O registro vai ajudá-lo a acompanhar as médias de consumo e, desse modo, você saberá se o carro está ou não regulado. Fazer revisões periódicas também ajuda a poupar. Um conserto costuma ficar mais caro que uma medida preventiva.

- ***More perto do trabalho***

Uma forma de poupar energia vital e dinheiro em transporte é ter uma casa perto do local de trabalho. Nesse caso, é mais fácil alugar que comprar um imóvel. Distâncias menores permitem alternativas ao transporte tradicional, como andar a pé ou ir de bicicleta. Se você mora a até 10 quilômetros do trabalho e o trajeto oferece segurança e não é acidentado, usar a bicicleta não só ajuda a economizar como também permite a prática do exercício físico.

- ***Coma de forma saudável, faça exercícios, reduza o estresse e descanse***

Os custos médicos são muito elevados. Mesmo com um seguro ou plano de saúde, gastamos muito dinheiro em saúde e medicamentos. Se comermos de forma saudável, cuidarmos do corpo (o único que temos), fizermos exercício, reduzirmos o estresse e descansarmos bem, vamos melhorar nossa saúde e aumentar a esperança e a qualidade de vida.

- ***Pare de fumar***

Se você fuma, saiba que já passou da hora de largar o cigarro! As vantagens são muitas. Não fumantes têm menos problemas de saúde e algumas vantagens em determinadas companhias de seguro e planos de saúde. Mas se você precisa de um incentivo mais forte para largar o vício, faça as contas e descubra quanto dinheiro você literalmente queima com o cigarro.

Quem fuma cinco maços de cigarros por semana de uma marca que custe, digamos R$ 4,00, ao longo de uma semana gasta R$ 20,00, no mínimo. Após um ano, o cigarro – sem falar em fósforos, isqueiros, roupas queimadas e outros "acompanhantes" eventuais do fumo terão transformado R$ 1.040 em cinzas. Isso quer dizer que você pode fumar em 20 ou 30 anos o equivalente a um carro zero quilômetro. Se o dinheiro fosse bem investido, poderia torná-lo um milionário em 30 ou 40 anos.

▪ *Você tem casa de veraneio? Alugue-a*

Essa é uma das formas de tornar um passivo num ativo, contribuindo também para pagar mais rapidamente a casa de praia ou campo e as despesas com impostos e manutenção. Crie um *site* na Internet para divulgar a casa e a alugue, principalmente para turistas. Você verá que é possível conseguir um bom dinheiro e ainda poderá reservar o imóvel para seu próprio uso quando quiser.

▪ *Faça você mesmo os consertos de casa*

Aprenda aspectos básicos de marcenaria, eletricidade e hidráulica e faça você mesmo os reparos de que sua casa precisa. A economia será imensa. Alguns profissionais de serviços de reparos domésticos cobram por hora e ainda embutem no preço o custo de deslocamento até sua casa.

▪ *Troque serviços com os vizinhos*

Os vizinhos são as pessoas fisicamente mais próximas de nós. Cultive um bom relacionamento e proponha a troca de serviços. É possível, por exemplo, cuidar da casa de quem viaja – em troca do mesmo serviço, quando chegar sua vez – ou compartilhar serviços pagos como Internet e televisão por assinatura.

▪ *Divida revistas*

Na grande maioria das vezes, compramos uma revista, lemos e deixamos num canto da casa ou jogamos fora.

É possível economizar um bom dinheiro com revistas e jornais se fizermos assinaturas compartilhadas com parentes e amigos.

- ***Utilize cupons de desconto***

Volta e meia, jornais, revistas e *sites* publicam cupons que dão direito a descontos em algumas lojas. Use-os. Mas tenha cuidado para não comprar o que não precisa só porque o preço é atraente. Aproveite também os programas de fidelidade que oferecem descontos para combustíveis, passagens áreas e outros bens e serviços.

- ***Compre comida da época***

Alguns alimentos têm épocas certas. Principalmente frutas, cereais, legumes e verduras. Nessas ocasiões, costumam ficar muito mais baratos. Carnes, peixes e leite também enfrentam períodos de entressafra, quando a escassez faz seus preços subirem. Poupe dinheiro descobrindo qual produto está na época certa e deixe para comer aquele morango ou salmão que você tanto aprecia somente quando chegar a ocasião.

- ***Crie seu próprio jardim***

Se tiver um jardim ou quintal, cuide você mesmo dele. Se o espaço for suficiente, produza ali uma parte de seus alimentos. Uma pequena horta pode representar uma grande economia. Sem falar na satisfação que a terapia de cuidar de uma horta ou jardim representa.

- ***Use sua própria sacola***

Os sacos plásticos estão em extinção no comércio brasileiro. Em algumas cidades, foram proibidos. Em outras, sê-lo-ão em breve. Compre uma sacola retornável, mas lembre-se de sempre levá-la consigo. É muito mais prático, mais barato e ainda ajuda a preservar o meio ambiente.

- ***Programe as férias com antecedência***

Planeje suas férias. Se você tem como se programar com antecedência, reserve hospedagem e compre passagens meses antes da viagem. Os preços são muito mais baixos.

As companhias aéreas utilizam um sistema de informática pelo qual os primeiros assentos são vendidos a preços muito baixos e, à medida que a procura aumenta, o valor vai subindo. Os primeiros compradores pagam sempre uma fração – que pode ser de até 10% – do valor despendido pelos últimos passageiros. Há *sites* que vendem passagens e pacotes de viagem com preços muito atrativos.

- ***Seja seu próprio agente de viagens***

Quando você mesmo marca e organiza suas férias e viagens, com certeza tem mais controle sobre o que irá fazer e quanto irá gastar. Nesse caso, a Internet também é uma aliada. Alguns *sites* ajudam você a planejar sua viagem.

- ***Acampe***

Os hotéis das grandes cidades são caros e praticam preços cada vez mais elevados. Se você quer cortar esse custo, acampe. Aproveite o período de férias para se desligar do dia a dia da cidade procurando um *camping* isolado, onde possa descansar, se divertir e economizar.

- ***DVD no lugar do cinema***

Uma forma de poupar muito dinheiro em cinema é esperar até que o filme que deseja ver saia em vídeo (DVD, *blueray*) ou seja exibido na TV. Se você realmente quer economizar, pode-se combinar com os amigos para alugar o vídeo, gastando uma fração muito pequena do que se fossem todos ao cinema.

- ***Vá à biblioteca***

Vá à biblioteca ou a locais de troca de livros. São formas de ter à disposição grande variedade de títulos sem gastar dinheiro. Outra forma - que porém requer mais sangue frio - é frequentar os espaços de leitura das livrarias. Normalmente são locais muito agradáveis, onde se pode pegar um livro e ficar algum tempo, apreciando. É possível avaliar se vale a pena comprar ou não. E também dá para ler o livro inteiro, após algumas visitas.

- ***Corte refeições fora de casa***

As refeições fora de casa e passeios à noite ou durante o expediente levam grande parte do dinheiro. Sempre que alguém me diz que não consegue poupar, pergunto se come fora ou se leva comida de casa para o trabalho. Há sempre espaço para a poupança.

- ***Escolha um* hobby *que não implique viagens longas***

Aquelas férias na neve todos os anos são muito atraentes. Mas será que você não tem outra solução mais perto e barata? *Hobbies* e viagens que impliquem longos deslocamentos podem se tornar verdadeiros passivos. Reavalie as suas preferências.

- ***Dê mesada, liberdade e responsabilidade***

Uma forma de disciplinar financeiramente seus filhos e ensiná-los a gerir o próprio dinheiro é dar a eles uma mesada. A condição é que não recebam mais nada antes da data marcada para o próximo pagamento. Isso vai ajudá-los a valorizar o dinheiro e criar neles a capacidade de discernir o que é importante do que não é.

- ***Crie presentes***

Uma forma de poupar muito dinheiro é fazer os presentes que vai oferecer às demais pessoas. Faça algo personalizado, use sua criatividade e poupe.

Cestas de poupança

Chegou a hora de analisarmos como podemos estruturar nossas poupanças. Vamos trabalhar com o conceito de "cestas", que nada mais é que separar o dinheiro poupado conforme sua finalidade. Existem muitas formas de aplicar o dinheiro poupado de forma a multiplicá-lo, mas há também vários objetivos para a poupança. É necessário aplicarmos as regras apresentadas anteriormente, pois só assim vamos conseguir encher essas cestas.

A divisão que apresento agora cobre todas as necessidades da poupança. Se fizermos um paralelo com três cestas de poupança, eles serão: cesta da previdência, cesta da segurança e cesta dos sonhos. Todas as pessoas precisam de dinheiro para as despesas do dia a dia e para outras necessidades que aparecem mais no médio/longo prazo. Ter um mecanismo de poupança que leve em conta esses três horizontes é essencial. Se começarmos desde pequenos a aprender a diferença entre o dinheiro poupado para o dia a dia e o dinheiro para o longo prazo será mais fácil administrar as expectativas ao longo da vida.

Previdência

Nessa cesta acumula-se o dinheiro para a aposentadoria. Não toque nele até atingir a segunda metade da vida e enquanto não deixar de trocar tempo por dinheiro. Contribuições pequenas, mas regulares em investimentos com baixo risco são o suficiente para garantir uma previdência de ouro, desde que você comece cedo. Entre planos de previdência privada, cadernetas de poupança ou fundos de pensões, há várias formas de poupar para a aposentadoria, mas deve-se analisar sempre a contribuição a fazer, liquidez e retorno de cada uma das opções. No próximo capítulo analisaremos os vários produtos.

Um testamento é o complemento ideal para a poupança que fazemos com vistas à aposentadoria. Ele é a garantia de que, depois que morrermos, o dinheiro será repassado a quem desejamos.

O dinheiro aplicado em previdência deve ser acompanhado regularmente e com cuidado. Devemos procurar investi-lo em opções com taxas de juro de risco adequadas ao nosso perfil. Se ainda faltam muitos anos para sua aposentadoria, aplicar parte do dinheiro em ações pode ser boa opção, visto que a longo prazo as ações costumam apresentar retornos maiores. Um dos erros mais comuns é ignorar o perfil de risco mais adequado à idade. Quanto mais jovem o investidor, maior o risco que pode correr. Uma regra importante é a regra dos 100: se subtrairmos nossa idade de 100, teremos a percentagem máxima de capital que podemos investir em ativos com maior risco, mas maior potencial de retorno no longo prazo.

Segurança

Essa é a cesta que nos ajuda em emergências. Uma emergência é algo como ser despedido, sofrer alguma lesão séria que nos impeça de trabalhar ou qualquer outro incidente grave.

Devemos fazer contribuições regulares para essa poupança, até um determinado limite. O ideal é que ela contenha o dinheiro necessário para nos sustentar sem trabalho durante seis a 24 meses sem alteração no padrão de vida. Desnecessário guardar mais do que o que cubra 24 meses sem trabalho. Existem outras formas mais rentáveis de capitalizar esse dinheiro. A diferença é que a liquidez – o acesso que temos ao dinheiro vivo investido – é baixa, ou seja, não podemos lançar mão desses recursos imediatamente. O dinheiro poupado para emergências deve ser facilmente acessível. Por isso devemos investi-lo em aplicações de elevada liquidez e que, ao mesmo tempo, proporcionem retornos satisfatórios. Depósitos a prazo de curta duração (CDBs, por exemplo), títulos ou fundos são boas opções para esse fim.

E um bom complemento nesse caso é o seguro de vida, que poderá ajudar muito em caso de doença ou invalidez.

Sonhos

Essa é a melhor das cestas. É o que nos motiva continuamente a poupar e a investir. Todos nós deveríamos aliar a uma poupança específica cinco sonhos. Pense em seus sonhos como se não houvesse limite monetário. Depois de concluir sua lista, pense na idade em que gostaria de realizar cada sonho e quanto eles lhe custarão, individualmente. Sua lista irá guiá-lo.

Após cobrir sua poupança de segurança e para a aposentadoria, você deve alimentar a conta dos sonhos. Ela é onde você pode investir com maior risco – e também com maior perspectiva de retorno – porque o dinheiro só será resgatado no longo prazo. Mas isso não quer dizer que esse investimento prescinda de contribuições regulares. Ações, mercados futuros e investimentos em *commodities* são bons exemplos de ativos para compor investimentos dessa natureza.

IDEIAS-CHAVE

✓ ***Para termos dinheiro, o que importa não é o quanto ganhamos, mas sim o quanto poupamos.***

Todos devemos poupar pelo menos uma hora de trabalho diário, que corresponde a 12,5% da renda mensal.

✓ ***Procure a independência financeira.***

A independência financeira é o que nos permite não ter de trabalhar mais por dinheiro. Pressupõe que temos sempre dinheiro para as despesas mensais de uma fonte que não seja o emprego.

✓ ***Só quem controla o fluxo de caixa é que sabe de que forma o dinheiro entra e sai.***

Por meio de um mapa de fluxo de caixa conseguimos acompanhar o movimento de dinheiro – e só assim realmente sabemos para onde ele vai.

✓ ***Se não valorizarmos nossa vida, ninguém o fará.***

Se não trabalharmos para as coisas que queremos e cuidarmos de nós mesmos, não haverá quem o faça. Valorize-se e valorize sua vida! Afinal, você só tem uma...

PARA APLICAR JÁ!

- Pense financeiramente. Isso vai torná-lo mais sensível ao dinheiro que passa por suas mãos e ao modo como pode aplicá-lo da melhor maneira.

- Pague a você primeiro. Se tirar logo a sua parte do salário para uma conta poupança, você terá reservas para alcançar o que planeja. Construa sua cesta de sonhos. Ela o motivará a poupar e a definir os objetivos de longo prazo.

- Negocie seu salário. Você deve aumentar sua renda todos os anos e de acordo com o planejado. Aprenda a negociar e trabalhe para diversificar as fontes de renda.

- Alinhe as despesas com seus objetivos. Lembre-se que você precisa de dinheiro apenas para as coisas que gosta de fazer e para as que são necessárias.

Parte 3

COMECE A INVESTIR

Coloque o dinheiro para trabalhar para você – é o dinheiro que gera dinheiro.

E se eu lhe dissesse que qualquer um pode ganhar muito dinheiro com investimentos? Para isso, você só precisa dos chamados 3M's: Mente, Método e *Money* (dinheiro).[1] O objetivo da mudança de paradigma e de poupança é fazer com que você junte capital suficiente para colocar o dinheiro a seu serviço. Já analisamos como aumentar a poupança. Vamos agora explorar a forma de aumentar a percentagem de dinheiro ganho com os investimentos.

---

1 Expressão adaptada do inglês: "Mind, method and money"

Evolução do fluxo de caixa

Lembra do gráfico com a evolução do fluxo de caixa apresentado anteriormente? Que outros valores poderiam ser incluídos para que a análise evolutiva fique mais completa? Podemos associar o resultado do investimento. O resultado de colocar o dinheiro para trabalhar para nós!

Na figura 12, a linha inferior, que cresce lentamente, corresponde ao dinheiro que ganhamos sem fazer nada! É fruto do capital que poupamos e investimos, seja em um certificado de depósito ou em uma empresa. Nunca guarde dinheiro debaixo do colchão. Lembre-se: dinheiro parado é dinheiro morto!

Conseguimos prever o crescimento dessa linha se multiplicarmos o juro anual pelo valor que temos no banco, dividindo depois pelo número de meses do ano. Consideremos o seguinte exemplo: temos R$ 1.000 aplicados à taxa de 10% ao ano:

$$\frac{\text{R\$ } 1000 * 10\%}{12} = \text{R\$ } 8{,}3\text{/mês}$$

A expressão anterior significa que, por cada R$ 1.000 investidos, vamos receber R$ 8,30 por mês. O valor inicial continua lá e, eventualmente, em caso de necessidade, pode ser resgatado.

É o dinheiro resultante da poupança que faz crescer a linha analisada. Seu desenvolvimento depende da capacidade do indivíduo de poupar e investir. De início pode parecer pouco, mas a capitalização e os juros compostos darão muito retorno no longo prazo, como veremos a seguir.

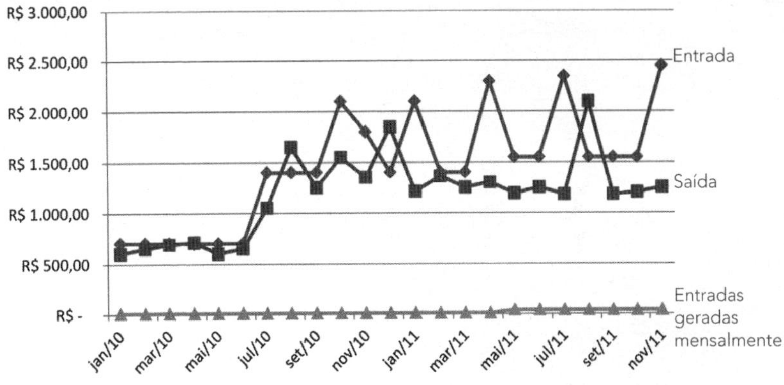

Figura 12 – Evolução do fluxo de caixa com investimentos, aplicando a poupança à taxa de 10% ao ano

Ponto de *crossover*

Esse é um dos conceitos mais importantes do livro, porque representa o momento em que se fica financeiramente independente!

Se você já segue ou pretende começar a seguir os conselhos deste livro, o que verá em seguida será fácil de calcular. Mas só será alcançado com muita perseverança e dedicação.

Atingimos o ponto de *crossover* quando podemos deixar de trabalhar por dinheiro! Nesse momento, o dinheiro gerado mensalmente apenas com o rendimento dos investimentos que fizermos é suficiente para pagar todas as nossas despesas. É quando se obtém remuneração de uma fonte que não o emprego, o que permite alcançar a Independência Financeira!

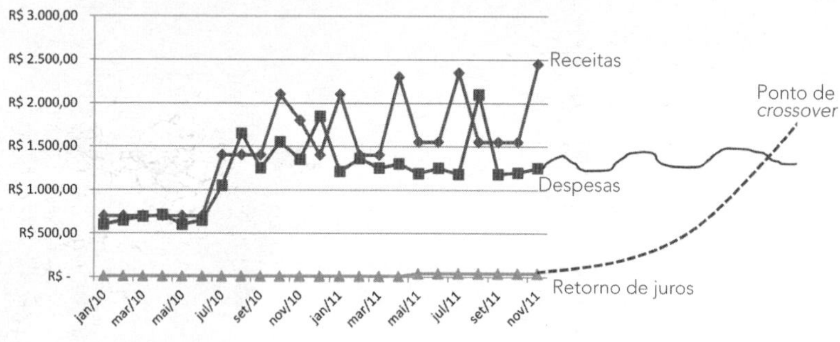

Figura 13 – Ponto de *crossover*

A linha resultante do investimento de capital poupado cresce lentamente no início, mas rapidamente se transforma numa curva de movimento exponencial. Ao aplicarmos, de modo contínuo, o mesmo dinheiro, ele terá um crescimento exponencial devido ao acúmulo de juros sobre juros. Investimentos combinados e as maravilhas da capitalização são temas explorados mais à frente.

Devemos atingir esse ponto de independência financeira num período finito e previsível de tempo. Os anos iniciais são muito importantes, pois é nesse período que a motivação desempenha um papel essencial, associando-se ao empenho e à determinação. Pense durante um minuto e pergunte a si mesmo: "O que faria da minha vida se não mais tivesse de trabalhar por dinheiro?".

A independência financeira, para além do fator motivacional e da vontade de querer atingi-la, requer obviamente que saibamos qual o nosso gasto médio mensal. A maravilha desse conceito é que o valor necessário para sermos financeiramente independentes é diretamente proporcional ao nosso gasto médio. Assim, se tivermos poucas despesas, precisamos de muito menos dinheiro para atingir a independência. Consideremos os seguintes casos:

Gasto médio mensal	R$ 1.000	R$ 2.000	R$ 4.000	R$ 6.000
Rentabilidade anual	10%	10%	10%	10%
Capital aplicado necessário	R$ 120.000	R$ 240.000	R$ 480.000	R$ 720.000

Figura 14 – Capital necessário, investido com uma taxa de retorno de 10% anual, para cobrir o gasto médio mensal

Por exemplo, alguém que gaste em média R$ 2.000 por mês precisará ter R$ 240.000 investidos a uma taxa de 10% ao ano para cobrir suas despesas apenas com o rendimento do dinheiro investido. O dinheiro necessário poderá estar todo num único investimento ou aplicado em outros ativos, desde que a soma renda 10% líquidos ao ano. Se aumentarmos a taxa de rentabilidade anual, o capital aplicado necessário é ainda menor. Veremos, em seguida, formas de aumentar a rentabilidade.

Maravilhas da capitalização

A menos que você tenha nascido rico ou tenha um salário milionário, só vai conseguir sua independência financeira por meio da capitalização dos investimentos.

Façamos um exercício simples: se pouparmos R$ 5 por dia, quanto teremos após 40 anos? Teremos R$ 73.000, valor que, por não ter sido investido, se desvalorizou significativamente. Se pouparmos R$ 5 por dia, quanto teremos 40 anos depois, se os aplicarmos a uma taxa de juro de 7% ao ano? Vamos ter R$ 364.334.

É essa capacidade de multiplicar o dinheiro investido que se chama capitalização.

O exercício seguinte é um excelente exemplo dessa fantástica multiplicação. Se você tiver apenas um centavo e o duplicar em um ano, obterá 2 centavos. Redobrados, eles viram 4 centavos. Esse processo de duplicação mantido por 27 anos transforma R$ 0,01 em R$ 1.300.000. Incrível, não?

Analisemos agora outras maravilhas da capitalização. Em quanto se transformarão R$ 50.000 ao fim de 10, 20 e 30 anos, se forem capitalizados a taxas líquidas (descontados os impostos e os custos de administração) de 5%, 10%, 15% e 20%?

	5%	10%	15%	20%
10 anos	R$ 81.444	R$129.687	R$ 202.278	R$ 309.587
20 anos	R$ 132.665	R$ 336.375	R$ 818.327	R$ 1.916.880
30 anos	R$ 216.097	R$ 872.470	R$ 3.807.177	R$ 9.890. 680

Figura 15 – Capitalização

Surpreendente, não é? A diferença que alguns pontos percentuais podem fazer, durante um longo período, é deslumbrante! Se tivermos 5% ao fim de 30 anos, teremos R$ 216.097, mas se duplicarmos a percentagem, passando assim para 10%, o valor passa para R$ 872.470. Tenho usado nesta seção taxas reais, ou seja, já descontada a inflação. Se usasse taxas nominais, o valor pareceria maior, dando uma ideia enganosa. Note: o que interessa é realmente perceber o fator multiplicador do dinheiro e conseguir as taxas de retorno mais competitivas possíveis, como veremos em seguida.

Se você poupar R$ 5 por dia, o que não é assim tão difícil, e aplicar o dinheiro, irá facilmente se beneficiar das maravilhas da capitalização. Não precisa ser exatamente esse valor. Poupe o equivalente a uma hora por dia de seu salário. Ou defina um valor fixo. Pode ser o preço de um maço de cigarros por dia ou daquele seu salgadinho preferido. Esse valor poupado a boas taxas durante um largo período será suficiente para uma aposentadoria gorda. Mas atenção: enquanto o valor for baixo, você não conseguirá taxas muito atrativas.[2] Então, forme um "colchão" mínimo aplicado em uma conta poupança antes de buscar investimentos mais rentáveis. Com certeza, o mortal comum não conseguirá uma média de 20% todos os anos (que é a rentabilidade anual média do megainvestidor

2 O valor varia conforme a instituição financeira, mas o mínimo para se obter taxas que realmente apresentem boa rentabilidade é de R$ 10.000,00.

americano Warren Buffet), mas considero que 10% anuais é uma taxa possível para quase todos, a partir de um certo capital. Analisaremos como atingir taxas dessa magnitude nas próximas páginas.

Juros compostos

As capitalizações mais elevadas só são possíveis com a aplicação recorrente dos juros ganhos. Isto é, com a aplicação contínua do capital inicial e dos retornos obtidos sobre ele, fazendo com que mais juros incidam sobre os juros e elevando o potencial da capitalização. Segundo Einstein, esta é a oitava maravilha do mundo!

Observem atentamente a figura 16, que leva em conta o efeito dos juros compostos continuamente reinvestidos a uma taxa anual de 10%.

Na figura 16 é possível ver três exemplos de poupança e investimento muito distintos. O que salta aos olhos é a percentagem de retorno dos investimentos, mas isso não é relevante para esse exercício. Pedro, que poupou R$ 2.000 por mês durante seis anos, aplicou o dinheiro desde o início à taxa de juros de 10% ao ano.Conseguiu acumular R$ 1.184.600. Sofia começou a juntar o mesmo valor anual cinco anos mais tarde, com a mesma taxa. Ana, por sua vez, só se apercebeu aos 27 anos da necessidade de poupar. Beneficiou-se de um tempo de capitalização menor, sendo obrigada a um esforço de poupança maior para obter um desempenho inferior. Resumindo, quanto

Poupe e invista já. Taxa de juro: 10%

Pedro			Sofia			Ana		
Idade	Investimento	Valor	Idade	Investimento	Valor	Idade	Investimento	Valor
14	R$ 2.000	R$ 2.200	14	–		14	–	–
15	R$ 2.000	R$ 4.620	15	–		15	–	–
16	R$ 2.000	R$ 7.282	16	–		16	–	–
17	R$ 2.000	R$ 10.210	17	–		17	–	–
18	R$ 2.000	R$ 13.431	18	–		18	–	–
19	–	R$ 14.774	19	R$ 2.000	R$ 2.200	19	–	–
20	–	R$ 16.252	20	R$ 2.000	R$ 4.620	20	–	–
21	–	R$ 17.877	21	R$ 2.000	R$ 7.282	21	–	–
22	–	R$ 19.665	22	R$ 2.000	R$ 10.210	22	–	–
23	–	R$ 21.631	23	R$ 2.000	R$ 13.431	23	–	–
24	–	R$ 23.794	24	R$ 2.000	R$ 16.974	24	–	–
25	–	R$ 26.174	25	R$ 2.000	R$ 20.872	25	–	–
26	–	R$ 28.791	26	R$ 2.000	R$ 25.159	26	–	–
27	–	R$ 31.670	27	–	R$ 27.675	27	R$ 2.000	R$ 2.200
28	–	R$ 34.837	28	–	R$ 30.442	28	R$ 2.000	R$ 4.620
29	–	R$ 38.321	29	–	R$ 33.487	29	R$ 2.000	R$ 7.282
30	–	R$ 42.153	30	–	R$ 36.835	30	R$ 2.000	R$ 10.210
35	–	R$ 67.888	35	–	R$ 59.323	35	R$ 2.000	R$ 29.875
40	–	R$ 109.334	40	–	R$ 95.541	40	R$ 2.000	R$ 61.545
45	–	R$ 176.083	45	–	R$ 153.870	45	R$ 2.000	R$ 112.550
50	–	R$ 283.584	50	–	R$ 247.809	50	R$ 2.000	R$ 194.694
55	–	R$ 456.715	55	–	R$ 399.099	55	R$ 2.000	R$ 326.98
60	–	R$ 735.543	60	–	R$ 642.753	60	R$ 2.000	R$ 540.049
65	**–**	**R$ 1.184.600**	**65**	**–**	**R$ 1.035.160**	**65**	**R$ 2.000**	**R$ 883.185**
Total investido: R$ 10.000 Retorno: R$ 1.184.600			Total investido: R$ 16.000 Retorno: R$ 1.035.160			Total investido: R$ 78.000 Retorno: R$ 805.185		
Pedro investiu R$ 68.000 menos que Ana e tem R$ 301.415 a mais!								

Figura 16 – Juros compostos

mais cedo você começar a poupar e a investir, mais cedo receberá o benefício – e em maior volume! Faça as contas do que já teria acumulado se tivesse começado a poupar aos 15 anos. Não importa se é muito ou pouco, não fique se lamentando. Comece a poupar hoje para recuperar o tempo perdido.

Como pagar a faculdade dos filhos

Vejamos como podemos pagar a faculdade dos filhos fazendo alguns planos financeiros de longo prazo. Imaginemos que temos um filho aos 25 anos de idade (idade média em que a mulher brasileira é mãe pela primeira vez). Consideremos que ele tenha um desempenho escolar que não o faça perder nenhum ano, entrando na faculdade aos 18 anos. A educação privada no Brasil é cara. Esse investimento tem de ser bem planejado. Supondo que o valor mensal de um curso de engenharia, por exemplo, seja de R$ 2.500, a faculdade custaria R$ 150.000 ao longo dos cinco anos. Que valor você deveria começar a poupar hoje para obter em 18 anos o necessário para pagar o curso universitário do filho?

Ora, se você aplicar o que aprendeu sobre capitalização e começar a poupar R$ 250 por mês assim que o bebê nascer (valor que pode ser dividido pelo casal), a uma taxa de juros de 10% ao ano, terá R$ 150.000 ao fim dos 18 anos.

Seja pagar a faculdade do filho ou qualquer outro objetivo futuro, o cálculo da poupança atual ajuda em muito no planejamento financeiro. Você poderá facilmente calcular quanto dinheiro precisa poupar hoje para atingir sem esforço os seus objetivos futuros. Ao saber quanto tem de poupar por mês, você dispersa o esforço financeiro ao longo do tempo e materializa essa poupança em algo real.

VALOR DESEJADO NO FINAL: R$ 150.000					
NÚMERO DE ANOS ATÉ O OBJETIVO FINANCEIRO	TAXA DE JUROS DE RETORNO DOS INVESTIMENTOS				
	0%	2%	4%	5%	10%
1	R$ 12.500	R$ 12.386	R$ 12.272	R$ 12.216	R$ 11.937
3	R$ 4.167	R$ 4.046	R$ 3.929	R$ 3.871	R$ 3.590
5	R$ 2.500	R$ 2.379	R$ 2.262	R$ 2.206	R$ 1.937
10	R$ 1.250	R$ 1.130	R$ 1.019	R$ 966	R$ 732
15	R$ 833	R$ 715	R$ 610	R$ 561	R$ 362
18	R$ 694	R$ 578	R$ 475	R$ 430	R$ 250
20	R$ 625	R$ 509	R$ 409	R$ 365	R$ 198
Todos os valores apresentados correspondem à poupança mensal necessária					

Figura 17 – Poupança mensal necessária para atingir R$ 150.000

Veja a figura 18, que mostra os valores que deverá poupar mensalmente para atingir determinado valor futuro, de acordo com o número de anos listados e com a taxa de juros indicada. O valor futuro é o valor estimado para esse objetivo. Poucos brasileiros fazem as contas dessa forma, mas garanto que é uma maneira muito eficaz de se realizar os sonhos.

Poupança mensal	Nº de Anos	Capital final sem investir	Capital final 3% anual	Capital final 5% anual	Capital final 10% anual	Capital final 12% anual
R$ 100	5	R$ 6.000	R$ 6.371	R$ 6.631	R$ 7.326	R$ 7.623
	10	R$ 12.000	R$ 13.757	R$ 15.093	R$ 19.125	R$ 21.058
	20	R$ 24.000	R$ 32.244	R$ 39.679	R$ 68.730	R$ 86.463
	40	R$ 48.000	R$ 90.482	R$ 144.960	R$ 531.111	R$ 920.510
R$ 200	5	R$ 12.000	R$ 12.742	R$ 13.262	R$ 14.652	R$ 15.247
	10	R$ 24.000	R$ 27.513	R$ 30.187	R$ 38.250	R$ 42.117
	20	R$ 48.000	R$ 64.489	R$ 79.358	R$ 137.460	R$ 172.926
	40	R$ 96.000	R$ 180.963	R$ 289.919	R$ 1.062.222	R$ 1.841.019
R$ 400	5	R$ 24.000	R$ 25.484	R$ 26.523	R$ 29.304	R$ 30.494
	10	R$ 48.000	R$ 55.027	R$ 60.374	R$ 76.500	R$ 84.234
	20	R$ 96.000	R$ 128.978	R$ 158.717	R$ 274.920	R$ 345.852
	40	R$ 192.000	R$ 361.926	R$ 579.839	R$ 2.124.444	R$ 3.682.039
R$ 800	5	R$ 48.000	R$ 50.968	R$ 53.046	R$ 58.609	R$ 60.987
	10	R$ 96.000	R$ 110.053	R$ 120.748	R$ 152.999	R$ 168.468
	20	R$ 192.000	R$ 257.956	R$ 317.433	R$ 549.840	R$ 691.703
	40	R$ 384.000	R$ 723.852	R$ 1.159.678	R$ 4.248.889	R$ 7.364.078

Figura 18 – Poupança mensal necessária com diferentes taxas

Na verdade, a melhor forma de começar a converter seus desejos financeiros em realidade é fazer e organizar suas contas. Um bom planejamento da vida financeira vai lhe dar mais qualidade de vida e segurança. Vamos agora analisar os principais ativos e investimentos para conseguir aumentar a taxa de retorno.

> @ Cálculo de Poupança Mensal – Em http://www.oseuprimeiromilhao.com você pode encontrar uma ferramenta com o cálculo da poupança mensal necessária para os seus objetivos futuros.

Ativos e passivos

A boa ou má gestão desses dois conceitos financeiros é uma das razões por que as pessoas ficam mais ricas ou passam por dificuldades. Pessoalmente, gosto de uma definição simples de ativos e passivos: os primeiros põem dinheiro no bolso; os segundos, tiram. Os ricos compram ativos e reduzem suas despesas e passivos ao mínimo. A definição acadêmica de ativo faz ainda a distinção entre ativos que criam riqueza ou não. De qualquer forma, defino sempre um ativo como um gerador de riqueza.

Olhando para a definição clássica, considera-se um ativo financeiro qualquer recurso econômico que tenha valor. Assim, qualquer bem que possa ser convertido em dinheiro será considerado um ativo. Existem também diferentes tipos de ativos:

- *Ativos financeiros* como ações, títulos ou derivativos, que geram mais retorno com base nos juros.
- *Ativos intangíveis* como patentes, direitos de autor ou *goodwill* (valor de mercado, representado pelas ações em bolsa) de empresas.
- *Ativos tangíveis* como imóveis, arte. Costumam ter liquidez inferior à dos ativos financeiros.

Por outro lado, um passivo pressupõe uma obrigação regular de pagamento de uma dívida, normalmente com juros. É muito mais fácil evitar contrair passivos do que eliminá-los depois que já se está em processo de endividamento.

O quadro seguinte (figura 19) fornece alguns exemplos de ativos e passivos:

ATIVOS	PASSIVOS
Imóveis	Crédito pessoal
Títulos mobiliários	Compras em cartões de crédito
Patentes	Empréstimos
Arte...	Crédito imobiliário...

Figura 19 – Ativos e passivos

Um caso que gosto sempre de estudar é o da casa própria. A habitação é tipicamente tomada como um ativo, certo? Do ponto de vista contábil, é realmente um ativo, mas não é dos ativos que nos interessam, pois não gera mais riqueza. Ela até pode ser convertida em dinheiro, mas gosto de pensar nos ativos como algo que nos dá algum rendimento. Se alugarmos a casa, ela já pode ser considerada um ativo que gera riqueza. Contudo, a casa em que moramos representa não rendimento, mas despesas.

Naturalmente, ver a casa como um investimento é essencial. Dado o preço dos imóveis, que triplicou em algumas regiões em poucos anos, ter uma estratégia de investimento para a moradia é algo a considerar. Mas, apenas para ilustrar o que quero dizer, veja o seguinte exemplo: após viver 15 anos na mesma casa, a vendi em excelentes condições, numa época em que o preço da região em que ela fica se valorizou 800% sobre o preço de aquisição. Calculei quanto gastei nesse período com o financiamento, impostos, avaliações, seguros, condomínio e outras despesas. O retorno líquido ao fim desses 15 anos foi de 3% ao ano. Não é um valor assim tão grande. Por isso, recomendo, como já fiz anteriormente, que você calcule se vale mesmo a pena ter uma casa ou se é melhor pagar aluguel.

Tipos de investimento

Existem vários tipos de investimento. Eles variam de acordo com a liquidez, a volatilidade e a exposição ao risco. O acompanhamento que se faz de cada um também varia conforme o investimento. O controle pode ser feito de hora em hora ou de mês em mês. Depende das características da modalidade escolhida.

Há duas grandes categorias de investimento: renda fixa e renda variável. A grande diferença é que os de renda fixa permitem conhecer a taxa de retorno. Ou seja, o resultado é previsível, permitindo na maioria dos casos uma rentabilidade mediana, com base nos juros. A renda variável, constituída principalmente por ações ou fundos, como o próprio nome diz, tem rentabilidade incerta, pois depende das oscilações econômicas e das expectativas de mercado em relação à economia em geral e àqueles papéis específicos em que o investidor colocou seu dinheiro. São investimentos de risco mais acentuado. Podem, portanto, trazer retornos extraordinários ou provocar prejuízos. Para pessoas diferentes, há também investimentos diferentes. É o que se chama perfil do investidor. Alguns estão mais aptos ao risco e, portanto, podem arcar com alguma perda à espera de rentabilidades maiores. Outros, mais conservadores, preferem ganhar menos – mas ganhar sempre. Para sabermos qual o melhor para nós, temos de descobrir em que perfil nos encaixamos e qual é a opção mais adequada à nossa situação financeira e à nossa habilidade em lidar com as finanças. Lembre-se: são várias as opções de investimento, e não apenas a caderneta de poupança.

A Associação Brasileira das Entidades dos Mercados Financeiro e de Capitais (Anbima) disponibiliza regularmente estudos sobre o perfil do investidor brasileiro. Os dados mostram que, atualmente, 51% da população não possui nenhum investimento. Ou seja, quase metade dos brasileiros não se beneficia da geração de riqueza do mercado financeiro. A poupança é a única aplicação de 44% da população, enquanto 7% investem em fundos, quase sempre de renda fixa. Somente 3% investem em ações. Nos Estados Unidos, por exemplo, as ações são uma opção muito difundida entre os investidores. Segundo a Anbima, 75% dos investidores brasileiros são homens, com predominância da faxa etária dos 26 aos 34 anos.

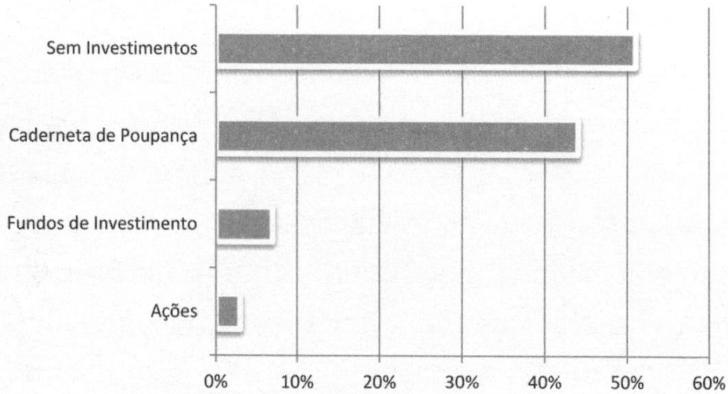

Figura 20 – Tipos de investimento no Brasil

Preferir instrumentos de menor risco pode representar mais segurança para o investidor, mas, por outro lado, limita suas possibilidades de ganho. Em muitos casos – como ocorre frequentemente com a caderneta de poupança –, o resultado não consegue nem sequer acompanhar a inflação. Ou seja, o dinheiro, em vez de crescer, fica menor em termos reais. Mesmo com os juros, perde-se o poder de compra, porque os preços da economia evoluem mais rapidamente que o capital investido. É certo que as ações e os fundos de investimento estão sujeitos a perdas maiores, mas também podem proporcionar ganhos superiores.

Todo investidor deseja minimizar o risco e maximizar a rentabilidade. Isso nos remete à necessidade de diversificar os investimentos conforme o mercado em que vivemos. Nunca devemos nos expor a apenas uma categoria de ativos. Observe a figura 21; ela mostra uma ponderação pelas categorias de ativos em função da fase do mercado.

Quando o mercado está muito instável e em queda, a renda fixa torna-se um bom refúgio. No entanto, quando há mais confiança nos mercados e existe menos volatilidade, procurar ações ou investimentos que potencialmente ofereçam rentabilidade maior tende a ser uma opção melhor. Uma das razões que me levou a começar a investir e a aprofundar os conhecimentos sobre educação financeira foi calcular o retorno que as instituições financeiras tinham ao investir o *meu* dinheiro, que estava em caderneta de poupança e em outros investimentos. Descobri que os bancos, corretoras e outras entidades ficavam com a maior parte do ganho. Fiquei revoltado quando soube que os 5% que eu ganhava anualmente poderia ser o retorno das instituições financeiras em um único dia. E com o dinheiro que nem pertence a elas, ou seja, com o dinheiro do investidor – o meu, inclusive.

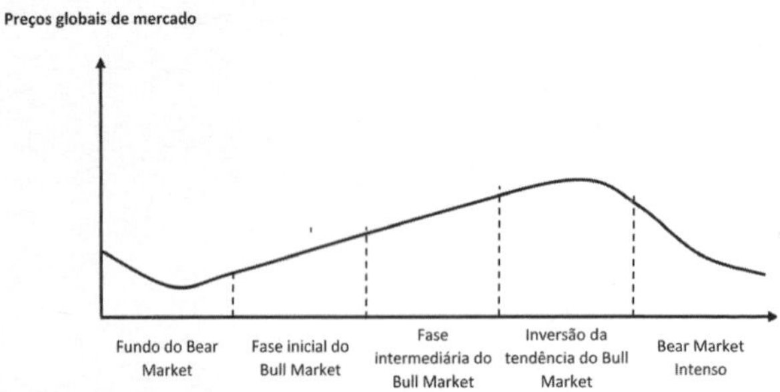

Classe Ativo	Ênfase da táctica				
Ações	x x x	x x x x x x x x x x x	x x x x x x x x x x x x x x x	x x x x x	
Renda fixa	x x x x x x x x x x x	x		x x x x x	x x x x x x x x x x x x x x
Títulos indexados à Inflação	x x x x x	x x x x x	x x x x x x x x x x	x x x x x x	x x x
Commodities	x x x x x	x x x x x	x x x x x	x x x x x	x x x x x
Imobiliário	x x x x x	x x x x x x x x x x	x x x x x x x x x x	x x x x x x x x x x	
Ouro	x x			x x x	x x x x x x x x x
Dinheiro/Tesouraria	x x x x x x x x x x x	x x x x		x x x x x x x x x x x	x x x x x x x x x x x x x x x

x quanto mais cruzes, mais ênfase deve ser dada aos ativos em função da conjuntura

Figura 21 – Alocação por fase do mercado[3]

---

3 *Bull Market*: mercado do touro, e *Bear Market*: mercado do urso, são jargões do mercado financeiro internacional. Baseiam-se na premissa de que o touro ataca de baixo para cima (referência ao movimento da chifrada) e o urso ataca de cima para baixo. Dessa forma, o urso representa o mercado em queda, ao passo que o

Vamos então ver os vários tipos de investimento e analisar mais pormenorizadamente alguns deles:

- Valores mobiliários
  - » Ações
  - » Debêntures
  - » Fundos
  - » *Commodities*
  - » Opções
  - » Câmbio
  - » Mercados futuros
  - » Fundos de índice (ETFs)
- Imóveis ou fundos imobiliários
- Arte
- Títulos do tesouro
- *Royalties* de propriedade intelectual

Em qualquer desses investimentos, se a rentabilidade for inferior a 6% ao ano, não vale a pena investir – a menos que o cenário econômico mude. Um bom depósito a prazo ou algumas debêntures oferecem essa percentagem atualmente e praticamente sem riscos.

Uma boa forma de começar no mundo dos investimentos é percorrer o caminho indicado pela figura 22:

touro é o símbolo da alta. Por esse motivo, em Wall Street, em frente à Bolsa de Nova York, existe uma estátua de um touro em posição de ataque. (N. E.)

Figura 22 – Evolução de investimentos recomendados em função do tempo, dinheiro e conhecimento do investidor

Essa é uma evolução gradual, que permite aumentar gradualmente o retorno dos investimentos. Dá ao investidor condição de controlar melhor o risco e, ao mesmo tempo, diversificar os investimentos. A evolução dos investimentos tem de ser feita sempre buscando o dinheiro, o conhecimento e o tempo que aplicamos neles.

Iniciantes jamais devem optar por ETF's, mercados futuros, mercado de opções ou mercado cambial! Não exploro aqui esses produtos propositalmente. Eles requerem muita dedicação e conhecimento. O ideal é que o investidor chegue a eles de forma natural, sem queimar etapas. É possível que você encontre quem lhe diga que esses investimentos ajudam a acelerar a rentabilidade. É verdade. Mas não adianta ter investimentos de alto potencial de retorno sem estar preparado para enfrentar e controlar o alto risco que eles envolvem.

@ Portal do Investidor – Em http://www.portaldoinvestidor.gov.br/ você pode encontrar um portal completo, organizado pela CVM, órgão regulador do mercado de capitais, com informações e orientações sobre os diferentes tipos de investimento.

Uma nota sobre a crise

Deve-se escolher o investimento conforme a conjuntura. É preciso saber ganhar dinheiro quando os mercados estão em alta, em queda ou "de lado" (sem ganhos ou perdas). A recente crise financeira, em especial na Europa e nos Estados Unidos, tem ajudado a demonstrar a fragilidade do setor financeiro mundial.

Sabemos que uma das melhores formas de reduzir o risco nos investimentos é diversificar as aplicações. A falência de algumas instituições financeiras – até de grande porte – nos alerta para a necessidade de distribuir o dinheiro entre várias instituições.

Caderneta de poupança

Esse é um dos produtos preferidos dos brasileiros, havendo em 2008 cerca de 90 milhões de cadernetas ativas. O objetivo da caderneta de poupança é captar as pequenas economias. É um investimento de baixo risco e, por isso mesmo, de baixa rentabilidade. Os juros da caderneta são fixados pelo Banco Central. O dinheiro aplicado é remunerado mensalmente em 0,5% mais a taxa referencial de juros (TR), representada pela média dos juros praticados nos Certificados de Depósitos Bancários (CDBs) das 30 principais instituições financeiras do país.

Essa fórmula faz com que, frequentemente, a rentabilidade seja insuficiente para superar a inflação, ficando em algumas ocasiões abaixo da variação dos preços. Em compensação, a poupança é isenta de impostos e os depósitos têm garantia do governo. O Fundo Garantidor de Crédito (FGC) assegura o pagamento dos saldos da caderneta em até R$ 70.000 por investidor, mesmo em caso de quebra da instituição financeira.

Certificado de Depósito Bancário (CDB)

Também conhecidos como depósitos a prazo, os CDBs são um investimento muito popular no Brasil, devido principalmente à simplicidade e ao baixo risco. É melhor do que guardar dinheiro sob o colchão, mas não proporciona grandes retornos. A contrapartida é que pelo menos parte do capital investido neles é salvaguardada (R$ 70.000) pelo FGC.

Existem depósitos com taxas de juro fixas (prefixadas) e variáveis (pós-fixadas). De acordo com o período que a economia atravessa, é importante saber qual delas escolher.

O prazo de aplicação é importante, pois ficamos limitados às datas de resgate. Esses prazos são determinados conforme a necessidade que se tem de dispor do dinheiro. O saque antes do final do prazo representa a perda de boa parte do juro. Um comentário final: considero ridícula e ofensiva a taxa que os bancos praticam nos depósitos a prazo. Ficam com nosso dinheiro durante um longo período, podendo aplicá-lo a seu bel-prazer e tendo rentabilidades muito, muito, muito superiores às que nos oferecem. Os bancos são especialistas em investimentos e a única coisa que precisam é de dinheiro – o qual nós mesmos entregamos a eles de mão beijada. Sendo o meu dinheiro, prefiro ser eu a investir, ganhando ou perdendo.

Tesouro direto

O tesouro direto permite o acesso a títulos públicos federais, ou seja, dívida pública do Brasil emitida pelo Tesouro Nacional. Esta é uma forma de comprar títulos do governo brasileiro. Quando alguém compra um título público, está emprestando dinheiro ao governo em troca de juros; é uma forma de o governo se financiar. Historicamente, no caso dos títulos brasileiros, o retorno é atrativo. Antes, os títulos brasileiros eram vistos pelos investidores estrangeiros com desconfiança: eram rentáveis, mas incertos. Havia sempre a perspectiva de que o país deixasse de honrar os papéis emitidos. De dez anos para cá, isso mudou e o investimento é considerado bem mais seguro, inclusive por agências classificadoras de crédito internacionais.

É fácil adquirir esses títulos via Internet ou por intermédio de uma corretora. O valor de aquisição mínimo é a fração de 20% do título, aproximadamente R$ 150. O comprador precisa optar entre diferentes prazos. Os resgates podem ser semanais. Tem também de escolher se quer um título prefixado ou pós-fixado – ou seja, com taxa conhecida antes da operação ou depois da operação, conforme a variação da taxa Selic, a taxa básica da economia ou de outro indexador.

Existem muitos títulos diferentes. A figura 23 é um resumo dos principais:

Característica	Nome	Descrição
Prefixado	Letras do Tesouro Nacional (LTN)	▪ Rentabilidade definida na compra. ▪ Rendimentos creditados na data de vencimento.
Prefixado	Notas do Tesouro Nacional – Série F (NTN-F)	▪ Rentabilidade definida na compra. ▪ Rendimentos recebidos a cada 6 meses. Resgate do valor principal na data do vencimento.
Pós-fixado	Letras Financeiras do Tesouro (LFT)	▪ Rentabilidade condicionada à variação da Selic no período de aplicação. ▪ Rendimentos creditados no vencimento.
Pós-fixado	Notas do Tesouro Nacional – Série B (NTN-B)	▪ Rentabilidade condicionada à variação do IPCA (inflação), com juros definidos no momento da compra. ▪ Rendimentos creditados a cada 6 meses e resgate no vencimento.
Pós-fixado	Notas do Tesouro Nacional – Série B Principal (NTN-B Principal)	▪ Iguais às NTN-B, mas com rendimentos creditados apenas no vencimento.

Figura 23 – Comparação de tesouro direto

@ Você pode simular a rentabilidade dos títulos no *site* http://www.tesouro.fazenda.gov.br/tesouro_direto/.

Fundos de previdência

Os fundos de previdência destinam-se especificamente ao acúmulo de recursos para a aposentadoria. São parecidos com os fundos gerais, mas possuem um perfil de longo prazo. Podem ser patrocinados por uma empresa, adquiridos de uma seguradora ou instituição financeira na forma de fundos abertos.

No Brasil, há dois tipos de fundos de previdência, o Plano Gerador de Benefício Livre (PGBL) e o Vida Gerador de Benefício Livre (VGBL). O PGBL é dos mais indicados para quem declara imposto de renda, pois permite deduzir o dinheiro aplicado até o limite de 12% da renda tributável - a parte da renda sujeita ao pagamento de IR – todos os anos. Os resgates são tributados. Já o VGBL é mais indicado para quem tem pouco imposto a pagar e não quer se beneficiar da dedução dos 12%. Esse produto tem tipicamente maior rentabilidade e a incidência de imposto é só sobre os rendimentos, servindo também como uma espécie de seguro previdência com coberturas para morte e invalidez.

É preciso atenção às taxas de carregamento (quando você transfere um plano desses de uma administradora para outra) e às taxas de administração (cobradas pela instituição pelo serviço de gerir o plano). Elas devem ser reduzidas ao mínimo possível, idealmente 1%. Naturalmente, o mais importante é ver esses fundos como um complemento de aposentadoria e uma poupança que estará disponível apenas nessa fase da vida. Esses fundos são muitos simples, mas têm alguns inconvenientes, como baixa rentabilidade – conforme o perfil da aplicação – e penalidades (taxação) para resgates feitos antes do prazo contratado. Com a finalidade de complementar a aposentadoria, são muito vantajosos os patrocinados, quando a empresa deposita um percentual do que o funcionário aplica. Só que, se deixar a empresa antes da aposentadoria, o empregado perde a parte depositada pela companhia, mesmo que mantenha o plano e continue contribuindo.

Ações

Ações são certificados de posse de frações de uma empresa. Ao adquirir uma ação, tornamo-nos sócios de um negócio. Por isso, é crucial estudá-lo bem antes do investimento.

Os preços das ações variam conforme o que os investidores pensam, sentem e sabem de uma empresa e do estado do mercado em que ela se insere. Se o negócio é próspero, compram e o preço sobre. Se não gostam do cenário, vendem e o preço cai. É a lei da oferta e da procura: quanto mais interessados, mais valorizada a ação.

Há vários tipos de empresa, que se enquadram em diferentes grupos, como *bluechips* (grandes empresas), *small caps* (pequenas), *TMTs* (tecnologia, mídia, telecomunicações), etc.

Ao escolher uma determinada empresa, em qualquer categoria, preste atenção aos seguintes fatores:

- Coeficiente preço/retorno – é alto ou baixo para essa empresa e para outras do mesmo segmento?
- Percentagem de participação institucional – quanto mais baixo melhor.
- Pessoas de dentro da corporação estão apostando nela, comprando ações? A própria empresa está recomprando suas ações? Ambos os casos costumam ser bons sinais.
- Registro da evolução de retornos – o histórico daquela ação é de rentabilidade esporádica ou consistente?
- Balanço e demonstração de resultados sólidos – como está a empresa financeiramente?

A escolha de uma ação deve ser bem ponderada, a partir de análise e estudo. Veja algumas dicas para essa seleção:

- Identifique a natureza das empresas em que está investindo e analise as razões para manter tais papéis.
- Ao comparar as ações com as de outras empresas da mesma categoria, você terá uma ideia melhor do que esperar delas.
- Grandes empresas têm movimentos mais lentos; pequenas empresas geralmente têm oscilações maiores.

- Considere o tamanho da empresa – e, com isso, a perspectiva que ela tem de crescer – e se tem algum produto inovador ou muito demandado que possa fortalecê-la.
- Procure pequenas empresas que já são rentáveis e já tenham dado provas de que o seu conceito pode ser replicado.
- Desconfie de empresas com crescimentos entre 50% e 100% ao ano. Pode ser uma onda passageira.
- Evite empresas e indústrias que estejam "na moda".
- Mire o longo prazo. Os retornos costumam ser maiores. Avalie como os planos daquela empresa se desenvolvem: dentro ou fora do previsto.
- Busque informação na própria empresa – em especial na área de Relações com os Investidores – e em outras fontes confiáveis para avaliar o comportamento das ações.
- Analise e pondere sempre as dicas que receber, mesmo que tenham sido fornecidas por pessoas muito espertas ou ricas.
- Algumas dicas, especialmente de peritos na matéria, podem proporcionar ótimos retornos.
- Invista em empresas simples, mesmo que ignoradas pelos analistas.
- Procure as melhores empresas em nichos de mercado.
- Quando comprar ações de empresas em queda ou com problemas, procure as que têm as melhores posições financeiras.

- A qualidade de gestão pode ser importante, mas é difícil de medir. Procure se basear nos resultados da empresa, não no currículo do presidente ou na sua capacidade de comunicação.
- Procure companhias que regularmente recompram as suas ações (*buy back*).
- Aposte em empresas cujos diretores tenham investimentos pessoais significativos.
- Dedique pelo menos uma hora por semana a avaliar a situação das empresas nas quais investe ou que atuam no mesmo setor.
- Seja paciente.
- Se tiver dúvidas sobre uma empresa, não invista. Aguarde uma oportunidade melhor de estudá-la.
- Invista tanto tempo e esforço na escolha de uma nova ação como se fosse para escolher uma geladeira ou máquina de lavar nova. Ou seja: em vez de agir por impulso, pondere.

Fundos

Fundos são instrumentos de investimento coletivos. São geridos por uma pessoa, que, na grande parte dos casos, pertence a uma instituição financeira. O valor do fundo é o resultado total do desempenho de todas as suas ações e títulos nele contidos.

O investidor entrega dinheiro a uma equipe de profissionais (gestores do fundo) e recebe títulos em troca.

Os gestores do fundo são os responsáveis pela aplicação do dinheiro em diversos investimentos, de acordo com as normas do fundo. Os fundos são uma alternativa de investimento interessante para quem tem pouco dinheiro, mas deve-se verificar quanto cobram de taxa de administração.

Existem fundos de muitos tipos: ações de diferentes mercados, índices, *commodities*, entre outros. Na escolha de um fundo é preciso prestar atenção em:

- *Taxas* – As taxas de administração dos fundos podem ficar com grandes margens do investimento. Há comissões de subscrição, de gestão, de transferência, de resgate, de distribuição, de desempenho, entre outras. É importante escolher um fundo com taxas reduzidas.
- *Gestor* – O gestor do fundo é o responsável por todo o portfólio e, portanto, pela rentabilidade do dinheiro. É importante conhecer quem – pessoa ou entidade – é responsável pela gestão, consultando o seu desempenho histórico.
- *Portfólio* – Apesar de o gestor do fundo ser o responsável pela escolha dos títulos, é importante termos ciência de onde está aplicado nosso dinheiro. Afinal, um fundo é uma forma de diversificar o investimento, distribuindo-o por vários títulos de uma só vez. Mesmo que você não saiba muito sobre as empresas associadas ao fundo, investigue um pouco suas áreas de atividade e acompanhe as notícias do setor.

- *Concentre-se no desempenho, gestão e consistência* - Esses três fatores conjugados são a chave do sucesso para um fundo.
- *Identifique os riscos* - Há diferentes fundos, com diferentes níveis de risco. Esteja ciente deles. Procure informações sobre a avaliação que se faz no mercado sobre os riscos da aplicação que você deseja fazer.

Cada fundo tem um prospecto completo, que estabelece todas as suas características. Antes de investir, leia o prospecto. É uma boa maneira de perceber as características de cada fundo!

Exchange Traded Funds (ETFs)

Recentemente os Exchange Traded Funds (ETFs), ou fundos transacionados em mercado, têm despertado o interesse de parte dos investidores. São emitidos por instituições financeiras como bancos, gestoras de fundos ou *market makers* - também conhecidas, no Brasil, como formadores de mercado ou provedores de liquidez.[4]

Note-se que esses fundos são ativos "híbridos", tendo por base outros fundos de investimento, ações ou índices.

4 Instituições contratadas para fazer ofertas de compra e venda a fim de formar preços de determinados papéis. Isso ocorre, principalmente, com ações estreantes na Bolsa de Valores.

Nos Estados Unidos, há mais de mil ETFs, cujo volume de negociação supera US$ 1,3 bilhão. Há vários tipos de ETFs: de índices, setoriais de ações, de mercadorias, de títulos ou debêntures, imobiliários, entre outros.

São negociados da mesma forma que as ações e sofrem variações de preço. As compras e vendas não estão sujeitas a comissão ou resgates, o que torna os custos da transação mais baixos. É necessário avaliá-los como um fundo. Entre os riscos possíveis está o baixo volume de negócios e, em alguns casos, as garantias oferecidas, podendo haver diferenças no *spread*[5] entre o valor do ETF e o comportamento dos ativos que o compõem.

@ Morning Star – Em http://www.morningstar.com/ você pode encontrar relatórios e *rankings* de fundos e ações.

Aversão ao risco

Muitas pessoas justificam a falta de investimentos pela aversão ao risco. Acredite, isso é apenas mais uma desculpa!

A verdade, comprovada por vários analistas, é que instrumentos de investimento com mais risco não trazem mais retorno a longo prazo. Trazem mais problemas car-

5 Taxa de risco cobrado pelo agente financeiro nas operações que executa. Em uma operação de crédito, por exemplo, é a diferença entre o custo de captação do dinheiro pelo banco e o que ele cobra do tomador do empréstimo

díacos! Dinheiro fácil e rápido é apenas mais uma ideia romântica, somente possível com a loteria ou outros jogos de azar. Por isso, é fundamental gerir os riscos e saber exatamente o que estamos fazendo. É importante saber que nunca conseguiremos uma análise completa sobre os ativos. Há sempre um fator de incerteza e subjetividade. Mas tudo na vida é assim! Devemos administrar nossa carteira de forma consistente e sem perdas. É também indispensável entender a diferença entre perda e risco de negócio. Uma perda é um fato consumado: algo que não poderemos recuperar e que reduz nosso capital investido. Por exemplo, perder 50% do nosso dinheiro de investimento em uma ação que não vingou como esperávamos. Por outro lado, risco de negócio é o que se corre ao investir em determinado instrumento, mas que podemos controlar de antemão ao conhecer a sua volatilidade, oscilação e probabilidade de se tornar uma perda.

Qual é o problema das perdas de capital? Consideremos o seguinte exemplo:

Se você tiver R$ 5.000 investidos e for vítima de uma perda de 5%, que percentagem terá de ganhar para voltar a ter os R$ 5.000? Não pense que são os mesmos 5%. Você precisará de uma rentabilidade de 5,27% para recuperar o capital inicial. Esse é o problema das perdas: para se voltar ao ponto de partida, é necessário ganhar mais.

Note que, nos investimentos, dinheiro gera dinheiro. É por isso que a gestão do dinheiro e dos riscos é tão importante. Assim, para evitar perdas de capital, devemos definir o nível de risco que estamos dispostos a assumir. Quando entramos no mercado, devemos definir de antemão qual a percentagem máxima que estamos dispostos a perder. Caso o mercado caia para esse nosso patamar de tolerância, devemos sair imediatamente dele. Temos também que respeitar sempre as estratégias e intervalos definidos para minimizar as perdas que condicionam nossa carteira. Uma regra de ouro de todos os investidores é: se alguma vez perder 10% do total da sua carteira de investimentos, pare de investir. Para recuperar 10% de perda, você terá de ganhar 11,1%. Caso perca 50%, precisará obter 100% do valor remanescente para voltar ao que tinha antes.

Perda	% a Recuperar
5%	5,3% ganho
10%	11,1% ganho
15%	17,6% ganho
20%	25% ganho
25%	33% ganho
30%	42,9% ganho
40%	66,7% ganho
50%	100% ganho
60%	150% ganho
75%	300% ganho
90%	900% ganho

Figura 24 – Percentagem necessária para recuperar o capital original em caso de perda

Depois de vermos a gestão do nível máximo de perda, vamos analisar alguns dos riscos que requerem mais atenção.

- *Risco de mercado*
  É o risco inerente aos movimentos das cotações ou das taxas de juros de um ativo. É medido em relação ao referencial do ativo, englobando também o risco cambial, quando é o caso.

- *Risco de liquidez*
  Proporcional à dificuldade de converter um ativo em dinheiro pelo valor do mercado de forma fácil e rápida, mesmo em seu vencimento.

- *Risco de crédito*
  Decorre da possibilidade do não pagamento (inadimplência).

- *Risco operacional*
  Advém da eventual falta de consistência e adequação dos sistemas no processamento de operações, de fraudes, falhas de controle interno ou outros acontecimentos.

- *Risco legal*
  Decorre do potencial questionamento jurídico durante a execução de um contrato. Essa categoria de risco não deve ser considerada para investimentos que envolvam contratos específicos e normais.

Ressalvo que a preocupação, inerente ao risco, não é uma doença, mas um sinal de saúde. Se você não estiver preocupado, não está arriscando o suficiente. Se seu maior objetivo for fugir das preocupações, continuará pobre. A vida deve ser uma aventura, e a preocupação é inerente ao prazer. Se puder escolher entre ser pobre ou andar preocupado, eu escolho a preocupação. Você só conseguirá fazer seu dinheiro crescer se colocar pelo menos parte dele em investimentos de risco relativamente controlado.

Custos de investimento e capital mínimo

São tantos os custos com investimentos que, antes de investirmos, devemos ponderar alguns fatores.

Antes de tudo, temos os impostos. A Receita Federal determina o pagamento de 15% de imposto de renda sobre o ganho líquido na operação de compra e venda de ações. A alíquota é aplicada sobre o preço médio das ações. Já no caso dos dividendos de empresas nacionais, o imposto não precisa ser pago, uma vez que o dividendo é pago sobre o lucro líquido da empresa, que já é tributado.

Há também os custos por transação. Cada vez que damos uma ordem de compra ou de venda, pagamos uma comissão de corretagem pela negociação. Ou seja, quanto mais ordens dispararmos, mais os bancos e as corretoras ganham. Além disso, existem outros custos: custódia de títulos, distribuição, levantamento, manutenção da conta. Todos eles pesam e retiram parte da rentabilidade do investimento.

Outro custo, que é muitas vezes esquecido, mas que tem grande importância para quem investe a curto prazo, é a *slippage*.[6] Ela representa a diferença entre o preço que pedimos pela ação e o que é alcançado com a ordem de venda. Além disso, todas as despesas com livros, computadores, consultoria, revistas, plataforma de investimentos e outros fatores também devem ser contabilizadas.

Outro fator que condiciona o investimento e influencia a transação é o valor investido. Se tivermos pouco dinheiro, pode ser que o custo da operação seja tão elevado, proporcionalmente ao dinheiro que vamos aplicar, que não compense investir. Por exemplo, não devemos investir em ações com menos de R$ 2.000. As taxas da operação levariam boa parte do dinheiro, fazendo com que o resultado do investimento fique menor que o capital inicial empregado. Há muitas teorias e fórmulas para calcular a partir de que valor um investimento vale a pena. Na prática, só podemos investir o dinheiro de que não precisamos. Ou seja: só o dinheiro que sobra e do qual não dependemos para pagar as despesas do dia a dia ou para uma emergência.

Há teorias que defendem que o valor mínimo para investir é R$ 10.000 e o valor ideal é a partir de R$ 20.000, conforme a aplicação escolhida. Isso porque temos de ter sempre algum capital para cobrir os riscos inerentes a uma exposição ao mercado.

6 Diferença entre o preço e o custo projetados para uma operação e o preço e custos efetivos.

Outra das razões para ter esse capital é podermos diversificar o portfólio. Colocar todos os ovos na mesma cesta só nos dará boas rentabilidades caso acertemos na tendência e no investimento. O que não é fácil nem para especialistas tarimbados.

Quase todos os investidores optam por diversificar sua carteira por questões de rentabilidade, liquidez e segurança. Existem teorias para a divisão dos portfólios que ajudam a tomar a melhor decisão, como a de Markowitz. Ela defende que dois títulos com tendência igual (valorização ou desvalorização) simultânea (a chamada correlação positiva) criam um portfólio mais arriscado do que dois títulos que evoluam de forma oposta (correlação negativa). Exemplo disso é ter ações de uma empresa petrolífera e de uma empresa de aviação: quando o petróleo sobe, o valor da ação da empresa de aviação desce (por seus custos operacionais dependerem em grande medida do petróleo).

Jogar e investir

Uma nota breve sobre jogar e investir. Esta seção é necessária porque há muitas pessoas que vão para os mercados à procura de sensações e para satisfazer ou sufocar necessidades emocionais. Se você identificar em si tais necessidades, pare já de investir! A regra de ouro de um investidor é o "controle da mente".

O jogo é uma forma de entretenimento e de se sonhar com dinheiro rápido. Mas mesmo os profissionais do jogo o veem como trabalho e procuram usar a matemática (contam cartas, aplicam estatísticas, etc.).

O "jogo" nos mercados consegue despertar todo o tipo de emoções recalcadas. Quando perdemos 25% da nossa carteira, ficamos deprimidos. Por outro lado, quando ganhamos 25%, nos comportamos como se fôssemos donos e senhores do mercado.

O investimento deve ser metódico, treinado e sujeito a análises científicas. Claro que há sempre uma parte subjetiva, mas os profissionais desenvolvem métodos e estratégias para reduzi-la ao máximo. Confie em sua intuição e não se deixe levar pelos impulsos. Os investidores mais bem-sucedidos que conheço não têm uma atitude proativa. Limitam-se a observar e a seguir regular e metodicamente os mercados. Quando determinados indicadores aparecem, eles investem, mas deixam sempre que os sinais surjam naturalmente. É importante saber esperar e deixar que o dinheiro, depois de bem aplicado, faça seu trabalho de se multiplicar sem que tenhamos de intervir o tempo todo.

Modelos analíticos

Quando o objetivo da análise é determinar qual ação comprar, a que preço e durante quanto tempo se deve mantê-la, existem basicamente duas metodologias: análise fundamental e análise técnica.

Os investidores podem usar ambos os métodos – diferentes, mas complementares – para selecionar seus papéis.

Muitos dos investidores fundamentais utilizam a análise técnica para determinar pontos de entrada e saída. Muitos dos investidores técnicos empregam a análise fundamental para limitar o número de "boas" empresas em suas carteiras.

A escolha do modelo depende das convicções do investidor quanto ao modo como o mercado funciona. Num centro comercial, um analista fundamental iria a cada loja estudar o produto vendido, decidindo depois se o compra ou não. Um analista técnico observaria as pessoas e o fluxo de gente nas diferentes lojas, tomando depois sua decisão.

Em seguida, analisaremos os dois métodos, mas quero ressalvar que se trata de uma análise rápida, que não esgota o assunto. Longe disso. Há livros inteiros sobre análise fundamental ou análise técnica. Sugiro que compre pelo menos um livro para se aprofundar no assunto.

Análise fundamental

Esse método analítico baseia-se em fatores econômicos, financeiros, qualitativos e quantitativos, que permitem avaliar um ativo. A análise fundamental procura estudar tudo o que afeta o preço de um ativo, incluindo fatores macroeconômicos e fatores específicos (como o balanço da empresa ou a equipe de gestão).

Assim, é importante saber interpretar demonstrações de resultados, balanços e relatórios, mas também seguir as notícias de tudo que possa influenciar o preço e a procura desse ativo. É também necessário prestar atenção no noticiário que afeta as ações, a empresa ou o mercado em que ela atua. A análise fundamental utiliza os chamados rácios financeiros para analisar a condição financeira das empresas. Rácios são relações entre diferentes indicadores. Nessa análise é possível, por exemplo, dividir o preço da ação pelo lucro que ela proporciona e estabelecer um parâmetro comparativo com outros papéis submetidos ao mesmo exercício.

Essa análise tem como principais objetivos: estimar o valor máximo que o ativo pode atingir; fazer projeções sobre o desempenho do negócio; avaliar a gestão da empresa e a sua capacidade de implementar decisões; calcular o risco do negócio.

Esse tipo de análise costuma ser utilizado por investidores de longo prazo, que defendem que o preço de um ativo pode cair no curto prazo, mas que eventualmente corrige o seu valor no longo prazo. O megainvestidor americano Warren Buffett é um dos mais bem-sucedidos investidores dentre os que escolhem seus ativos com base nessa análise.

Análise técnica

Esse método baseia-se no estudo matemático de gráficos que permitam identificar padrões de preços, de forma a identificar tendências. Nesse tipo de análise considera-se que toda informação necessária sobre um ativo está refletida em seu preço.

Pela análise técnica, mesmo as respostas emocionais dos investidores aos movimentos de preços são passíveis de estabelecer padrões traduzidos por gráficos. A análise técnica não se preocupa com o valor da ação. O preço é uma previsão, extrapolada de padrões de preços do passado.

Essa análise é parcialmente objetiva e parcialmente subjetiva. É regularmente aplicada em estratégias de mais curto prazo ou para tomar decisões de compra ou venda de um papel.

Existe um conjunto de modelos matemáticos, de apoio à análise técnica, que ajudam no reconhecimento de padrões. Esses modelos dividem-se em dois grupos: *oscilators* (osciladores) e *trend following* (seguidores de tendências). *Oscilators* são os que dão indicações sobre épocas apropriadas para venda ou compra, sinalizando de forma antecipada as alterações de tendências de subida ou descida. Os *trend following* são responsáveis por seguir o movimento de tendências de preços, reagindo mais lentamente às variações de preços do que o outro modelo. Conjugando indicadores desses dois grupos podemos construir uma plataforma de investimentos baseada na análise técnica.

Longo ou curto

Você já deve ter ouvido falar nos conceitos de posição longa e curta. Abrimos uma posição longa quando primeiro compramos um ativo e só depois o vendemos. Se o preço final de venda for superior ao preço inicial de compra, ganhamos dinheiro; se ocorrer o inverso, perdemos. Assumimos uma posição curta quando primeiro vendemos um ativo e só depois o compramos (sim, primeiro vendemos algo que não temos, para depois comprá-lo). Se o preço final de compra for maior que o preço inicial de venda, perdemos dinheiro; caso contrário, ganhamos.

Resumidamente, quem assume posições longas acredita na subida dos mercados e quer ganhar dinheiro com elas; quem assume posições curtas acredita na queda dos mercados e também quer ganhar dinheiro com elas.

Só devemos assumir posições curtas quando conhecermos muito bem como funcionam os mercados. Não só por nos desafiar a pensar de uma nova maneira, mas sobretudo porque as quedas dos mercados são sempre muito mais rápidas do que as altas. O risco, portanto, é maior.

@ Escola de gráficos – Em http://www.stockharts.com você pode encontrar, em inglês, um enorme repositório de informações sobre análise técnica e leitura de indicadores gráficos.

Plataforma de investimentos

Antes de mais nada, é necessário definirmos nossa estratégia de investimento e as ferramentas que vamos empregar nela. Com a massificação dos computadores e do investimento pela Internet, é cada vez mais fácil o uso de ferramentas *on-line* para monitorar, registrar e analisar os investimentos. O problema é que, com tanta informação, às vezes é difícil decidir por onde começar...

O que eu intitulo de "plataforma de investimentos" é uma ferramenta fácil de usar e que nos permite saber muito a respeito dos investimentos possíveis e atuais. Essa plataforma deve possibilitar o acesso a notícias relevantes, apresentar títulos e suas cotações, ter gráficos e análises associadas, permitir o registro de todas as ordens dadas e monitorar seu desempenho. Devemos calibrar a plataforma através da nossa estratégia de investimento fazendo avaliações regulares, de modo a aprendermos com os erros. A única razão para registrarmos todas as ordens que damos e o porquê de as darmos é para que no futuro não cometamos os mesmos erros. Também podemos usar esses dados para detectar padrões de comportamento e variação. Essas informações podem ser compiladas nessa plataforma ou em um diário de investimentos.

Muitas das corretoras e instituições já têm as suas plataformas de investimento. Há também programas de monitoramento de ações e notícias, como o Metastock, Yahoo Finance, Google Finance e até o simples Excel. Muitos deles não têm dados em tempo real, apresentando as cotações do final do dia ou com algum atraso, mas será necessário termos dados em tempo real se investirmos uma vez de 15 em 15 dias? Podemos fazer a análise com base nos últimos dias. Tudo depende da regularidade e do tipo de investimento que fazemos.

Importante é que a nossa plataforma esteja sempre acessível e seja fácil de usar. E nunca podemos esquecer que, mesmo que a nossa análise seja muito completa, é impossível ser totalmente, perfeita devido à quantidade e velocidade da informação. Temos, assim, de fazer os nossos investimentos do modo mais objetivo e metodológico possível, procurando sempre limitar a parte subjetiva.

Janela de investimento

Janela de investimento é a periodicidade em que investimos regularmente. Pode variar entre várias vezes por dia (*day trading*) até poucas vezes por ano. A janela de investimento e o horizonte temporal influenciam profundamente o modo como fazemos a nossa análise.

Existe uma regra para avaliarmos o momento de compra ou venda de um título, que é dada por um fator 5. Se investirmos semanalmente, e se o período em que mantemos uma posição aberta é de semanas, então devemos ver se assumimos uma posição longa ou curta num horizonte temporal mensal (cinco vezes mais), colocando a escala do gráfico em meses. Complementando a análise de entrada, temos de analisar qual o melhor momento do dia para abrir a posição, mudando a escala do gráfico para dias (cinco vezes menos). É sempre com esse fator 5, para cima e para baixo, que devemos fazer as análises do horizonte temporal que usamos.

Investimento virtual

Se não você tiver dinheiro, o *paper trading* ou investimento virtual é uma excelente opção. Investimento virtual é o processo pelo qual é possível treinar seus dotes de investidor sem utilizar dinheiro real, simulando ordens de compra e venda, como se fossem reais.

Antes do crescimento do investimento *on-line* para o público em geral, o investimento virtual era considerado muito difícil para novos investidores. Agora os computadores fazem a grande maioria dos cálculos e os investidores podem simular e praticar os seus investimentos, construindo fortunas *on-line*, sem se comprometer com dinheiro real.

O investimento virtual tem várias vantagens, como o treino e a aplicação de novas estratégias de investimento e o teste à nossa disciplina.

Não ter dinheiro para investir não é desculpa para não treinar. Muitas companhias oferecem serviços de investimento virtual grátis, com cotações reais e toda a informação, tal como se estivéssemos de fato operando no mercado.

O ponto fraco desse tipo de treino é não haver substituto para o dinheiro real. A forma como reagimos do ponto de vista emocional em situações de aperto ou ganho não consegue ser simulada com o investimento virtual. É por isso que, por vezes, é melhor investir com pouco dinheiro real do que com muito dinheiro virtual.

Quando for escolher uma corretora para seus investimentos, analise as várias opções do mercado e consulte o *site* da BM&FBovespa, http://www.bmfbovespa.com.br/, que tem uma lista completa das corretoras do mercado e permite fazer uma comparação em minutos.

Uma excelente forma de começar a investir e aprender ao mesmo tempo são os clubes de investimento. Eles atuam como aplicações financeiras, criadas por um grupo de pessoas, que colocam o seu dinheiro numa corretora sob os cuidados de um administrador. Normalmente, há alguma afinidade entre os membros do grupo, e essa é uma excelente forma de se iniciar nos investimentos, para aprender e para obter ganhos.

Os clubes apresentam as seguintes vantagens:

- Qualquer pessoa pode aplicar uma pequena parte da quota requerida.
- Os custos são menores do que os de investimento direto em fundos, por serem rateados pelos participantes e não haver tantos custos de fiscalização ou auditoria.
- Você poderá influenciar a gestão da carteira se contribuir ativamente para o clube.

Os bons clubes são aqueles em que as pessoas que dele participam tomam parte nas decisões e nas discussões sobre os melhores investimentos. O *site* da BM&FBovespa tem uma seção voltada só para os clubes de investimento.

@ Bovespa – Em http://www.bmfbovespa.com.br/ você pode encontrar várias corretoras e informação sobre os investimentos para começar a investir de forma correta.

Estruturar as contas

Como deve ser feita a divisão do dinheiro pelas contas e bancos? Normalmene, temos mais de uma conta no banco. Algumas foram abertas para uma finalidade específica – para receber o salário de um emprego que já deixamos faz tempo, por exemplo –, perderam essa finalidade e, no entanto, continuam abertas, gerando despesas e exigindo que cuidemos delas.

Defendo que todos deveriam ter apenas uma conta corrente, uma conta poupança, uma conta de investimentos e uma conta conjunta – para casais que dividem as despesas do dia a dia. Essa é uma forma de nos alinharmos com as cestas de poupança mencionadas anteriormente.

A conta corrente é a que devemos utilizar no dia a dia. O dinheiro que entra nela vem do salário e de outras remunerações. O dinheiro que sai paga as despesas. E a primeira parte a sair é para remunerarmos a nós mesmos. Devemos sempre tentar projetar as despesas que teremos no mês, deixando uma folga para os imprevistos.

A conta poupança, ou para emergências, é aquela na qual só entra dinheiro e, idealmente, só tem saídas na aposentadoria. O dinheiro que entra é o resultado de "pagar primeiro a nós". O dinheiro que sai só deverá ser utilizado na aposentadoria ou em emergências de vida ou morte (comprar um carro novo não é uma emergência vital). O acesso à conta deve ser o mínimo possível e o ideal é que o cartão dessa conta seja guardado em casa, para não cairmos em nenhuma tentação de usá-lo de forma indevida.

O ideal seria nem ter cartão para essa conta. Se tivermos de atravessar meio país para realizar um saque, melhor! Outra ressalva sobre essa conta é que o dinheiro que entra, além do que é necessário para a aposentadoria, deve ser apenas o que consideramos suficiente para uma emergência. Não é necessário colocar dinheiro extra nessa conta constantemente. Podemos assumir que determinado valor será para uma emergência e que poderá ser desmobilizado nesses casos.

Devemos também ter uma conta somente para investimentos. Essa é a conta que pouca gente tem porque, sem planejamento e disciplina, quase nunca sobra dinheiro para investir. Procure tirar sempre uma parte de sua renda mensal pra colocar nessa conta. Nela, o dinheiro irá trabalhar por você, gerando mais dinheiro. Essa é a conta ideal para ser movimentada pela Internet, por meio de um banco de investimentos ou de uma corretora.

Quando vivemos uma vida a dois, há muitas outras regras a aplicar na divisão do dinheiro. Se já para uma pessoa é difícil gerir o dinheiro, quanto mais para duas! Numa relação, cada cônjuge deve ter seu próprio dinheiro. Cada um pode, inclusive, ter cada uma das contas mencionadas acima. No entanto, se vivem juntos, têm despesas conjuntas e planejam continuar juntos no longo prazo, recomendo sempre terem uma conta conjunta, na qual os dois façam depósitos para pagar despesas comuns, como habitação, alimentação, despesas com filhos, entre outras.

IDEIAS-CHAVE

✓ ***Todos nós somos especialistas numa área***

Escolha seu tipo de investimento conforme sua área de especialização. Ao investir nessa área, você se sentirá mais seguro e obterá retornos melhores.

✓ ***Dinheiro fácil e rápido é uma ideia romântica***

A única forma de ganhar dinheiro é trabalhando para isso, com método e regularmente. Não procure retornos rápidos, pois as perdas podem ser igualmente velozes. Procure gerir sua carteira todos os dias sem perdas.

✓ ***Despesas condicionam a independência financeira***

Quando mais despesas tiver, mais elevado será o ponto de *crossover* e, assim, mais difícil atingir a independência financeira.

✓ ***Atenção aos custos de investimento***

Impostos, taxas de distribuição ou custódia de títulos são apenas alguns dos custos que condicionam os investimentos. Reduza o número de ordens e não invista em produtos com custos elevados se dispuser de pouco capital para investir.

✓ ***Para começar, experimente o investimento virtual ou um clube de investidores***

Há formas de investir que não necessitam de dinheiro real. São semelhantes a jogos, mas as cotações e o comportamento dos mercados são reais. Para se iniciar no mundo dos investimentos, procure uma aplicação virtual ou junte-se a um clube de investidores. São duas excelentes formas de aprender.

PARA APLICAR JÁ!

- Invista em ativos e não em passivos. Lembre-se que o dinheiro só se multiplica a partir de ativos.
- Compre um livro de análise técnica e outro de análise fundamental. Não é difícil saber investir quando se dominam conceitos de análise.
- Construa seu método de investimento. Saber quando investir, que valores e em que ativo são apenas algumas das coisas que um método de investimento oferece. Experimente vários e afine sua estratégia.
- Estruture suas contas. Não é necessário ter muitas, mas uma só também não resolve. Discipline-se no uso de todas elas.
- Escolha investimentos conforme os valores disponíveis para investir, o tempo e os conhecimentos que tenha. Há vários tipos de investimento para diferentes tipos de investidor. Invista. Experimente saber como é bom ver o dinheiro crescer sem ter de fazer nada, apenas com a busca da rentabilidade.

E AGORA?

Ao longo deste livro analisamos vários métodos e formas de gerir e olhar para o dinheiro. O que foi dito aqui é resultado de ensinamentos de vários autores e milionários e da minha dedicação ao estudo do dinheiro. Adote e aplique os conceitos. A teoria de nada serve sem a prática!

Se queremos entrar no caminho para a independência financeira, temos de nos colocar a seguinte questão: Estamos dispostos a isso? Mudar a forma de olhar e lidar com o dinheiro, não aceitar o convencional, lidar com a incerteza, desenvolvermo-nos continuamente, sair da zona de conforto e procurar novas formas de gerar dinheiro são só alguns dos desafios a enfrentar.

A boa notícia é que milhares de pessoas conseguiram vencer esses desafios – e nós podemos aprender com elas. Acredito que a independência financeira está ao alcance de todos, num curto espaço de tempo. Se utilizarmos a inteligência emocional, conjugada com trabalho e vontade de aprender, teremos a independência financeira ao nosso alcance. O tempo é, afinal, o nosso maior investimento e dos bens mais preciosos, por isso temos de fazer todo o possível para aproveitá-lo da melhor maneira. Delinear objetivos e fazer de tudo para mantê-los é dos passos mais importantes. Lembre-se: se você não tem um plano, será parte do plano de outra pessoa. Um bom desafio passa por definir uma estratégia e aplicá-la durante os próximos 30 dias. Se não conseguir nada, ainda poderá, sem dificuldades, voltar ao que tinha antes. Quando você define um plano, os assuntos financeiros passaram a fazer parte da ordem do dia, de forma programada e natural.

Num contexto de crise financeira, tenha ela passado totalmente ou não, devemos focar-nos nas soluções e não nos problemas. Os investimentos são uma das formas de diversificar as fontes de renda e são altamente flexíveis na tarefa de colocar o dinheiro a nosso serviço. Acredito que o Brasil esteja passando por um momento único e positivo, no qual várias oportunidades se apresentam para quem está atento!

Boa poupança e melhores investimentos!

GLOSSÁRIO

Um glossário pode ser um auxiliar bastante útil para quem dá os primeiros passos no mundo das aplicações financeiras. Aqui você pode encontrar o significado de muitos termos econômicos e financeiros. Os termos apresentados foram compilados com base em muitas obras de referência de instituições.

» **A PRAZO**
Operação que tem vencimento ou liquidação em data futura. O período entre o início e o fim da operação é o prazo.

» **AÇÃO**
Parte ou fração da propriedade ou do capital social de uma empresa, representada sob a forma de um título de capital. Apenas as sociedades anônimas, também conhecidas como de capital aberto, têm o capital representado por ações.

» **Ação ao portador**

Ação em que a titularidade é determinada pela simples detenção física do título.

» **Ação ordinária**

Valor mobiliário representativo do capital social de uma sociedade anônima que atribui aos seus detentores (acionistas) uma parcela da propriedade da empresa e o direito de voto em assembleia geral. Em caso de liquidação da empresa, todos os credores, empregados e donos de ações preferenciais têm prioridade para receber seus direitos econômicos antes dos proprietários de ações ordinárias.

» **Acionista**

Detentor de ações de uma sociedade anônima, o que lhe confere todos os direitos e deveres legais naquela sociedade, de acordo com sua participação no capital total da empresa.

» **Acima do par**

Expressão relativa à cotação de um título (ação ou obrigação), quando o valor de mercado fica acima do valor nominal do papel.

» **Acordo de bitributação**

Acordo entre dois países para que os impostos pagos em um possam ser deduzidos no outro, quando a operação financeira ou econômica envolve as duas nações.

» **Ativo**

Algo que pertence a um indivíduo ou sociedade; instrumento financeiro; bem econômico; equipamento. Nas demonstrações financeiras, o valor do ativo de uma empresa é igual à soma do passivo com a situação líquida da empresa.

» **Ativo circulante**

Ativos que não têm caráter duradouro ou permanente. São ativos de prazo mais curto e de maior liquidez, tais como os depósitos à vista.

» **Ativo intangível**

Não têm caráter físico. Como exemplo, marcas e patentes.

» **Agente econômico**

Qualquer entidade de um determinado sistema econômico. Pode ser pessoa física, jurídica, o Estado e outros.

» **Alavancagem**

Uso de recursos de terceiros para aumentar a rentabilidade. É quando uma empresa, por exemplo, trabalha com o capital dos fornecedores ou dos clientes para melhorar o resultado antes de efetuar os pagamentos sobre as operações.

» **Alienar**

Transferência de propriedade de um bem ou direito.

» **Alfa**

Indicador matemático que mede a volatilidade da cotação de uma determinada ação, tentando isolar suas movimentações de preço das oscilações de mercado. Quando se diz que uma ação tem um coeficiente alfa elevado, espera-se que ela tenha bom desempenho, independentemente do que ocorra com o mercado.

» **Amortização**

Restituição, de uma só vez ou em prestações, de valores emprestados.

» **Análise de risco**

Análise focalizada nos riscos a que um determinado negócio ou atividade econômica possa estar exposto, como risco cambial, risco de taxa de juros, liquidez, legal, entre outros.

» **Análise financeira**

Consiste no exame do balanço e da demonstração de resultados de uma empresa, com o objetivo de avaliar sua exata situação financeira.

» **Análise fundamental**

Processo de avaliação de uma empresa e, consequentemente, do valor das suas ações, mediante a análise detalhada da sua situação econômica e financeira atual (com base nos balanços patrimoniais e nas suas demonstrações de resultados e outros mapas financeiros) e previsão da situação futura.

» **Análise gráfica**

Baseia-se exclusivamente no estudo dos gráficos de cotações. O seu objetivo é determinar a tendência dos preços de ações e identificar os movimentos que realizam quando há alterações de tendência. É uma técnica muito conhecida e que goza de prestígio com a grande maioria dos investidores, sobretudo num horizonte de curto prazo. Os analistas gráficos são também conhecidos como grafistas.

» **Análise SWOT**

Estudo de avaliação do posicionamento de uma empresa ante suas componentes interna e externa, sendo a primeira componente analisada com base nos seus pontos fortes (*Strengths*) e fracos (*Weaknesses*), e a segunda componente analisada com base nas oportunidades (*Opportunities*) e ameaças (*Threats*) do mercado em que atua.

» **ANÁLISE TÉCNICA**

Conjunto de técnicas e indicadores que procuram predizer as cotações da Bolsa com base na sua perspectiva histórica, levando em conta outras variáveis, como o volume de compras, cotação das últimas sessões, evolução das cotações em períodos mais longos, capitalização, estudos de tendência de preço, entre outros. Nesse tipo de análise, avalia-se a relação entre oferta e procura, apoiada na construção de gráficos históricos de evolução das cotações.

» **AO PAR**

Expressão relativa à cotação de um título quando ela é igual ao valor nominal.

» **ARBITRAGEM**

Consiste na venda/compra de valores mobiliários numa praça financeira e na sua aquisição/venda simultânea em outra, de forma a aproveitar a diferença de cotação existente para obter ganhos. É uma atividade especulativa e de risco, em geral feita pelos agentes do mercado com o capital de terceiros.

» ***ASK***

Preço correspondente ao melhor vendedor. É o preço a que o vendedor está disposto a negociar suas ações.

» ***ASSET***

"Ativo", em inglês. No Brasil é também a forma como o mercado se refere às empresas de *asset management*, ou gestão de ativos (para pessoas físicas).

» **BALANÇA COMERCIAL**

Registo estatístico e contábil das negociações (vendas e compras) de um país com o exterior.

» **Balancete**

Balanço parcial, normalmente mensal, da situação econômica e do estado patrimonial de uma empresa.

» **Balanço**

Documento contábil que retrata a posição financeira de uma empresa. É realizado trimestral e anualmente. Lista bens e direitos (o ativo) de um lado e obrigações perante terceiros (o passivo) do outro.

» **Banco central**

Autoridade pública responsável pela regulação e supervisão da atividade financeira de um país. A ação do banco central estende-se, tradicionalmente, a vários domínios do sistema financeiro, tais como a política monetária (intervindo no mecanismo de fixação das taxas de juros e controlando o crédito, as reservas, o volume de dinheiro em circulação e a emissão de moeda), a política cambial e a divulgação de estatísticas e de estudos econômicos. Pode também estabelecer e vigiar o cumprimento das regras de funcionamento aplicáveis a todas as empresas do sistema financeiro.

» ***Bear***

Investidor com uma previsão de baixa para os mercados. Normalmente, esse investidor aposta na baixa e se cerca de cuidados para ganhar com isso ou não perder dinheiro. A denominação deriva da ideia de que os ursos atacam de cima para baixo. Em oposição ao investidor *bull.*

» ***Bear Market***

Nome que se dá ao mercado quando os preços se encontram em baixa.

» **Benefícios fiscais**

Regime especial de tributação. No mercado financeiro, pode favorecer os ganhos dos investimentos.

» **Beta**

Medida da sensibilidade do preço de um título diante dos movimentos do conjunto do mercado. É a medida do risco sistemático de um título. Indicador de risco de um ativo, que mede a sensibilidade do ativo em relação a determinado índice. Se beta = 1, a ação comporta-se como o índice. Se variar mais do que o índice, o seu beta é maior que 1. Se menos, menor.

» ***Bid***

Preço correspondente ao melhor comprador. É o preço que o comprador está disposto a pagar por uma ação.

» ***Blue chips***

Empresas cujas ações têm boa liquidez na Bolsa e longo histórico de resultados positivos e com política consistente de distribuição de dividendos.

» ***Bond***

Títulos, bônus. Emitidos por governos ou empresas.

» ***Break-even point***

Ponto de equilíbrio entre receita e despesa. Representa o momento a partir do qual o investidor ou empresa começa a ter lucro.

» ***Bull***

Investidor com previsão altista sobre os mercados. A denomicação baseia-se na ideia de que o touro realiza seus ataques (as chifradas) de baixo para cima. Contrasta com a posição do *Bear*.

» ***Bull market***

Nome que se dá ao mercado com tendência de alta.

» ***Call***

Literalmente, chamamento. Termo usado para designar uma opção de compra – para investidores que tenham esse direito.

» **Capital aberto**

Denominação dada às empresas com ações negociadas em Bolsa, ou seja, cujo capital pode ser negociado livremente.

» **Capital de risco**

Investimento necessário para início de uma atividade empresarial ou financeira. É o dinheiro arriscado na operação.

» **Capital próprio**

É a diferença entre o que a empresa tem e o que deve a terceiros. No momento da constituição da empresa, corresponde ao valor do capital social.

» **Capital social**

Recursos empregados na constituição de uma atividade empresarial. Soma das quotas dos sócios do empreendimento.

» **Carência**

Período entre a concessão do crédito e o pagamento da primeira parcela. Um financiamento com dois anos de carência significa que o tomador só começará a pagar pelo dinheiro 24 meses depois de ter recebido os recursos emprestados.

» **Cartão de crédito**

Instrumento de crédito pré-aprovado, administrado por uma empresa – que pode ser um banco –, que permite pagamento diferido (adiado) e, às vezes, o parcelamento das compras. O pagamento parcial da fatura é possível, mas submete o detentor do cartão ao pagamento de juros, em geral muito elevados.

» **Cartão de débito**

É um cartão de pagamento imediato, pré-pago ou atrelado a uma conta corrente. As operações são autenticadas mediante senha pessoal.

» **Carteira de títulos**

Conjunto de títulos com rendimento fixo e variável, de propriedade de pessoas físicas ou jurídicas.

» **Cartel**

Grupo de empresas que fazem um acordo para agir coordenadamente, visando a interesses comuns.

» ***Cash cow***

Produto ou unidade de negócio que gera margens de retorno extremamente altas e não usuais. Esse valor ultrapassa largamente o valor necessário para manter o negócio.

» ***Cash flow***

Fluxo de caixa. Todo dinheiro que entra e sai de uma empresa ou conta.

» **Caução**

Depósito feito como garantia de uma operação.

» **Comissão**

Percentagem do valor de uma transação dada como remuneração pelos serviços de intermediação.

» **Commodity**

Mercadoria. Costuma designar produtos agrícolas ou minerais, de grande importância para o comércio internacional, como café, algodão, soja, cobre e petróleo. No mundo todo existem bolsas especializadas na negociação de *commodities*.

» **Concordata**

Benefício concedido por lei à empresa insolvente, que não tem condições momentâneas de saldar seus compromissos, para evitar ou postergar a falência, ficando obrigada a liquidar as suas dívidas dentro de um prazo estabelecido judicialmente.

» **Conta conjunta**

Conta constituída por mais de um titular. Muito empregada por sócios de uma empresa ou por casais.

» **Conta corrente**

Conta movimentada pelo titular, que pode dispor a qualquer momento do seu dinheiro.

» **Conta margem**

Crédito que permite a um investidor efetuar a compra ou a venda de valores mobiliários, com recursos emprestados.

» **Corretora**

Entidade que compra e vende títulos na Bolsa. Intermediária autorizada a efetuar transações, receber e executar ordens de Bolsa. É remunerada por comissão em cada serviço prestado. Dividem-se em sociedades de corretagem (ou *brokers*) e sociedades financeiras de corretagem (ou *dealers*).

» **Cotação**
Preço.

» ***Crash***
Queda precipitada nas cotações, resultante de quebras na atividade econômica e/ou na confiança dos investidores, após períodos de alta.

» **Crédito ao consumo**
Financiamento de bens de consumo ou serviços.

» **Curto (*short*)**
Termo que se usa quando alguém vende um título a descoberto, ou seja, que não possuía na sua carteira, ficando com uma posição curta. Esse tipo de transação tem regulamento próprio nas bolsas de valores, permitindo a especulação. O vendedor terá obrigatoriamente de comprar o título vendido, procurando fazê-lo a um preço mais baixo para devolver o empréstimo que possibilitou a venda a descoberto. Operações que possibilitam ganhar dinheiro com os mercados em queda. Também chamadas de *short selling*.

» **Curto prazo**
Período de até um ano na concepção do mercado financeiro.

» **Custo fixo**
Custo de uma empresa que não varia proporcionalmente com o volume de produção.

» **Custo variável**
Custo que varia em função do nível de atividade. Por exemplo, quando uma empresa aumenta a produção, os custos com matéria-prima e energia sobem.

» ***Day trader***
Corretores que fazem negociações de um dia. Mantêm posições abertas apenas durante o dia, encerrando todas elas no final do expediente.

» ***Default***
Falta, omissão, negligência. Dívida não paga ou paga parcialmente e de forma diferente da contratada.

» **Deflação**
Redução do nível geral de preços. Oposto de inflação.

» **Delta**
Indicador que mostra quanto é que o preço de uma opção ou garantia varia, quando o ativo subjacente sobe ou desce uma unidade, supondo que todos os outros fatores se mantenham constantes (preço de exercício, maturidade, taxa de juro sem risco, dividendos e volatilidade).

» **Demonstração financeira**
Designação dada ao conjunto formado pelo balanço, demonstração dos resultados líquidos e anexos.

» **Depreciação**
Perda de valor de um bem decorrente do tempo de uso ou obsolescência. Instalações, máquinas, veículos e outros bens vão aos poucos perdendo seu valor contábil, mas a proporção dessa desvalorização nem sempre coincide com a da perda de valor de mercado.

» **Derivativo**
Instrumentos financeiros cujos preços derivam das cotações de mercado de um bem ou de outros instrumentos financeiros. Por exemplo, o mercado futuro de petróleo é derivativo no qual a base são os preços do petróleo no mercado *spot* (à vista).

» **Diversificação**

Estratégia de investimento na qual se distribuem os recursos por vários ativos diferentes, de modo a reduzir o risco e ampliar as possibilidades de retorno.

» **Dividendo**

Fração dos lucros de empresa com ação em Bolsa distribuída aos acionistas.

» **Economia de escala**

Situação em que o custo unitário de fabricação de um bem diminui devido ao aumento da quantidade produzida.

» **Efeito de alavancagem**

Quando o custo do capital é inferior à rentabilidade dos capitais próprios de uma empresa. Esse efeito persistirá enquanto se conseguir aumentar a rentabilidade dos capitais próprios pelo incremento do endividamento da empresa (uso do capital de terceiros).

» **Efeito Janeiro**

Situação detectada por estudos acadêmicos em diversos mercados nacionais de ações, em que o mês de janeiro apresenta rentabilidade muito superior à dos outros meses.

» **Elasticidade**

Mede a variação percentual do preço de uma garantia ou opção em face da oscilação de 1% no preço do ativo.

» ***Equity***

Patrimônio líquido. São os direitos residuais dos acionistas sobre os ativos da empresa. Calcula-se subtraindo o passivo total do ativo total.

» **EURIBOR**

Euro Interbank Offer Rate. Taxa interbancária (média das taxas da oferta de fundos praticada entre bancos), que resulta de um painel de 57 bancos de países da União Europeia e de outros países, escolhidos por serem particularmente ativos no mercado do euro. A Euribor é calculada diariamente para diversos prazos padrão do mercado financeiro. A Euribor é a taxa de referência (indexador) utilizada no cálculo da taxa de juros dos empréstimos.

» ***Euronext***

Bolsa de valores imobiliários pan-europeia, que integra os mercados de capitais de Amsterdã, Bruxelas, Lisboa e Paris.

» **FED**

Federal Reserve Bank. Banco Central dos Estados Unidos.

» **Flutuação**

Movimento de alta e de baixa das cotações.

» **FMI**

Fundo Monetário Internacional. Instituição que congrega 182 países e tem como finalidade básica promover a cooperação monetária entre países membros.

» **Forex**

Foreign Exchange. Mercado cambial.

» **Fundo de investimento**

Patrimônio constituído por recursos aplicados pelos seus membros ou participantes. Esses recursos podem ser compostos por valores mobiliários, por valores imobiliários ou pelos dois. Geralmente, o patrimônio dos fundos de investimento está dividido em quotas. É sempre uma entidade que faz a gestão do patrimônio, geralmente um banco ou uma sociedade gestora de fundos de investimento.

» **FUTURO**

Contrato padronizado, reversível, de compra e venda de um bem ou serviço, em local e data futura específica, a um preço fixado no presente.

» **GRÁFICOS DE VELAS**

Método gráfico originalmente desenvolvido no Japão e designado por *candlesticks* (ou velas). O valor máximo e mínimo de uma cotação num dia é descrito como uma sombra e desenhado como uma linha simples. O intervalo de preços entre a abertura e o fechamento é desenhado como um retângulo sobreposto à linha previamente traçada.

» ***HEDGE***

Também referido como *Hedging*. Operação de câmbio, a prazo, realizada com o objetivo de criar uma proteção contra as alterações do preço de uma mercadoria, devido às variações eventuais na cotação de uma moeda.

» **HIPOTECA**

Contrato através do qual se confere a outrem o direito sobre imóveis com preferência sobre os demais credores. Muito usado como garantia no pagamento de dívidas, a hipoteca tem seu expoente máximo nos Estados Unidos, onde é comum as famílias hipotecarem suas casas para financiar algum bem (outra casa ou um carro, por exemplo) ou serviço (a faculdade dos filhos).

» **IBAN**
International Bank Account Number (o IBAN), série de caracteres alfanuméricos que identificam uma conta determinada numa entidade financeira em qualquer lugar do mundo.

» **Imposto**
Prestação obrigatória em dinheiro, sem contrapartida imediata, sobre o rendimento ou patrimônio.

» **Índice**
Medida estatística de mudanças num mercado específico para acompanhar um determinado grupo de títulos ou uma Bolsa de Valores.

» **Indexador**
Taxa (ou índice) usada como referência para o cálculo de juros de empréstimos, pagamentos em atraso e do rendimento de aplicações financeiras. No Brasil, os principais indexadores são a TR (taxa referencial de juros) e os índices de inflação.

» **Inflação**
Taxa de evolução do nível geral de preços.

» ***Inside trading***
Uso de informação privilegiada ou "de dentro" em transações do mercado financeiro. Um exemplo é a pessoa que sabe que uma empresa fará algo que afetará o preço das ações e venda ou compre papéis para lucrar com isso. Quando descobertas, costumam ser punidas pelos órgãos reguladores. Também conhecida como *inside information*.

» **Investimento**
Aplicação de capital em um negócio, em empresas, em títulos, imóveis ou arte, entre outros.

» ***Investment bank***

Banco de investimentos. Atua como uma espécie de consultor e gestor para os investidores.

» ***Initial Public Ofering*, ou IPO**

Oferta pública inicial de ações. Quando a empresa entra para a Bolsa e emite ações pela primeira vez.

» **Juro**

Taxa que se cobra pelo custo do dinheiro. Remuneração de quem empresta dinheiro ou financia a venda de um bem ou serviço.

» **Juro composto**

Juro sobre juro. Taxa obtida quando os juros são reinvestidos na mesma aplicação e ampliam a base sobre a qual serão aplicados os novos rendimentos. Esta passa, dessa forma, a render juros de juros.

» ***Leasing***

Arrendamento mercantil. Aluguel de um bem (principalmente veículos e máquinas) com opção de compra no fim do contrato. Costuma ser uma forma de financiar bens com custo (principalmente de juros) menores que nos empréstimos tradicionais.

» **Letra**

Documento com valor legal que representa uma ordem de pagamento.

» **Liquidação**

Termo que designa a conclusão de uma transação, quando se procede à entrega do bem ou ativo financeiro negociado (liquidação física) e o respectivo pagamento (liquidação financeira).

» **Liquidez**
Possibilidade de converter rapidamente um determinado ativo em dinheiro vivo sem perda significativa de valor. Por exemplo, imóveis são consideraods ativos ilíquidos ou pouco líquidos por serem difíceis de vender rapidamente.

» **Locador**
Sociedade de locação financeira ou *leasing*.

» **Locatário**
Entidade que usufrui do bem objeto de um contrato de locação financeira.

» **Longo prazo**
Em geral superior a três anos.

» **Macroeconomia**
Abordagem de um sistema econômico como um todo, com foco nas grandezas globais (Produto Interno Bruto, Despesa Nacional, Investimento) de um país ou região.

» **Margem**
Montante, fixado pelas bolsas de valores ou centro de liquidação e custódia, a ser depositado em dinheiro, títulos ou valores mobiliários pelo cliente que efetua uma compra ou uma venda a termo ou a futuro, ou um lançamento a descoberto de opções. Também empregado para designar o ganho de uma operação (a diferença entre o preço de compra e o preço de venda).

» ***Mark up***
Remarcação, aumento de preço.

» ***Market share***
Percentagem de mercado detida por uma empresa ou produto. Participação de mercado.

» **MERCADO DE CAPITAIS**
Mercado financeiro de títulos de médio e longo prazo.

» **MERCADO DE BALCÃO**
Onde se transacionam ações não negociadas em Bolsa.

» **MICROECONOMIA**
Termo utilizado para caracterizar a análise econômica baseada no estudo do comportamento das unidades individuais (empresa, consumidor, etc.).

» **MONOPÓLIO**
Situação em que existe apenas um produtor para um bem ou serviço, assegurando um domínio do mercado.

» **OBRIGAÇÕES**
Títulos resgatáveis emitidos por empresas (debêntures) ou governos. São usados como instrumento de crédito para reduzir os custos dos empréstimos.

» **OFERTA PÚBLICA DE VENDA (OPV)**
Lançamento de títulos – ações, por exemplo.

» **OFERTA PÚBLICA DE AQUISIÇÃO (OPA)**
Operação pela qual uma pessoa ou empresa exprime a intenção de adquirir ações de outra sociedade.

» **OFERTA PÚBLICA DE SUBSCRIÇÃO (OPS)**
Proposta de emissão e venda de novos títulos de uma sociedade.

» **OPÇÃO**
Direito negociável de compra ou venda de produtos e títulos com pagamento em data futura a preços predeterminados.

» **Ordem**
Instrução dada por um cliente a um corretor, para a execução de compra ou de venda de valores mobiliários.

» ***Overnight***
Depósito bancário com apenas um dia de duração, por parte dos intermediários financeiros, ao qual está associada uma taxa de juro específica.

» **Passivo**
Obrigações assumidas perante credores. Dívidas.

» **Patrimônio**
Conjunto de bens e direitos.

» **PIB**
Produto Interno Bruto. Soma dos bens e serviços produzidos em um país ou região durante um ano.

» ***Portfólio***
Conjunto de títulos e valores mantido por um fundo ou investidor.

» **Poupança**
Parte da renda não utilizada para consumo.

» **Preço de exercício**
Preço pelo qual o detentor de garantias ou opções pode adquirir (*call*) ou vender (*put*) o ativo. O mesmo que *strike price*.

» ***Price earnings ratio* (PER)**
Indicador de rentabilidade potencial de ações, obtido através da divisão da cotação do título pelo lucro líquido por ação da empresa cotada. Quanto menor for esse indicador maior é, em teoria, o potencial de valorização da ação.

» ***Prime rate***
Taxa de juro cobrada pelos bancos aos seus melhores clientes (normalmente, grandes empresas em boa situação financeira). Ou seja, é a taxa de juro mais baixa que o banco pratica.

» **Privatização**
Venda de ativos públicos para o setor privado.

» **Produto Nacional Bruto (PNB)**
Conceito pouco usado no Brasil; é o PIB com a exclusão da Renda Líquida Enviada ao Exterior (RLEE).

» **Rateio**
Dá-se quando, numa oferta pública de venda, a procura é superior à oferta e as ações são distribuídas pelos investidores proporcionalmente ao número pedido.

» **Rendimento**
Relação entre os ganhos obtidos e o dinheiro investido.

» **Reservas**
Recursos detidos e geridos pelo Banco Central destinados a financiar as trocas (compras e vendas) com o exterior. Formadas por divisas internacionais, como o dólar e o euro.

» **Resgate**
Retirada total ou parcial dos recursos investidos.

» **Rentabilidade**
Medida de ganho financeiro nominal sobre o total do investimento, expressa em percentagem.

» **Risco**
Possibilidade de um investimento não apresentar os resultados previstos.

» ***Securities***
Termo inglês para designar títulos ou valores mobiliários.

» ***Shareholder***
Acionista.

» **Sociedade anônima**
S.A. Empresa de capital aberto. A responsabilidade e as perdas dos sócios são limitadas à parcela de capital que cada um detém.

» **Sociedade por quotas**
Equivalente à companhia limitada. Ao contrário das S.As., os sócios têm responsabilidades ilimitadas.

» ***Spread***
Margem. Taxa de risco. Diferença cobrada nos juros pela instituição que realiza o empréstimo.

» **Taxa anualizada**
Transformação do rendimento obtido em percentagem, no que se obteria se o dinheiro fosse aplicado à mesma taxa durante um ano.

» **Taxa homóloga**
Taxa que compara um valor de determinado período com o valor do mesmo período do ano anterior.

» ***Take-over***
Transferência do controle de uma empresa de um grupo de acionistas para outro pela compra de ações no mercado. Também conhecida como "aquisição hostil", porque feita via mercado.

» **Títulos**
Termo utilizado para descrever uma ampla variedade de instrumentos de investimento transacionáveis, ou

negociáveis, tais como ações, obrigações, etc. Normalmente, representam capital ou dívida de empresas ou outras entidades.

» **Valor de mercado**
Termo utilizado no mercado financeiro para indicar o valor que um proprietário receberia por um ativo, caso este fosse vendido naquele momento.

» **Valor intrínseco**
Traduz o ganho potencial para o investidor em caso de exercício imediato de uma garantia ou opção.

» **Valor nominal**
Valor de face de um papel. O que está impresso no documento.

» **Volatilidade**
Sensibilidade evidenciada pela cotação de uma ação ou de uma carteira às variações globais dos mercados financeiros nacionais e internacionais.

» **Volume**
Número de ações (ou contratos) que foram negociadas durante determinada sessão.

» ***Yield***
Taxa de rendimento de uma obrigação ou ativo equivalente.

BIBLIOGRAFIA

APPEL, Gerald. *Technical analysis*. New Jersey: Pearson Education, 2005.

BACH, David. *Smart couples finish rich*. Nova York: Broadway Books, 2001.

BOYLE, David. *O pequeno livro do dinheiro*. São Paulo: Cultrix, 2005.

BUCKINGHAM, Marcus e CLIFTON, Donald O. *Now, discover your strengths*. Londres: Pocket Books, 2004.

BUFFETT, Mary e CLARK, David. *Como enriquecer na bolsa*. Lisboa: Actual Editora, 2004.

CLASON, George S. *The richest man in Babylon*. Nova York: Signet, 1926.

COVEY, Stephen R. *The 7 habits of highly effective people*. Nova York: Free Press, 1989.

Deco/Pro Teste. *Saber investir*. Lisboa: Edideco, 2004.

DOMINGUEZ, Joe e ROBIN, Vicki. *Your money or your life*. Londres: Penguin, 1999.

DRUCKER, Peter. *O essencial sobre a vida e a obra do homem que inventou a gestão*. Lisboa: Centro Atlântico, 2006.

EKER, T. Harv. *Secrets of the millionaire mind*. Nova York: Collins, 2005.

ELDER, Alexander. *Come into my trading room*. New Jersey: Wiley, 2002.

EPPERSON, Sharon. *The big payoff*. Nova York: HarperCollins, 2007.

GARRETT, Sheryl e NEIMAN, Debra A. *Money without matrimony*. Chicago: Dearborn Trade Publishing, 2005

GOLEMAN, Daniel. *Inteligência emocional*. Lisboa: Temas e Debates, 1999.

GREENBLATT, Joel. *Invista e Fique Rico*. Porto: Lua de Papel, 2007.

GUNTHER, Max. *The zurich axioms*. Londres: Harriman House, 1985.

HILL, Napoleon. *Pense e Fique Rico*. Porto: Lua de Papel, 2006.

KIYOSAKI, Robert. *Independência financeira*. Rio de Janeiro: Campus, 2001.

KIYOSAKI, Robert e Lechter, Sharon. *O guia de investimentos*. Rio de Janeiro: Campus, 2002.

KIYOSAKI, Robert. *Pai Rico, Pai Pobre*. Rio de Janeiro: Campus, 1980.

KNOX, Susan. *Financial basics*. Columbus: The Ohio State University Press, 2004.

SIEGEL, Jeremy J. *Stocks for the long run*. Nova York: McGraw-Hill, 1994.

STANLEY, Thomas J. *The Millionaire Next Door*. Nova York: Simon & Schuster,1998.

TIER, Mark. *The winning investment habits of Warren Buffett & George Soros*. Nova York: St. Martin's Press, 2005

ZÁRATE, Aitor. *O que os ricos sabem e não contam*. Lisboa: A Esfera dos Livros, 2008.

Este livro foi composto em Minion Pro
para a Editora Planeta do Brasil
em fevereiro de 2012